YO SOY, AQUI Y AHORA

VUÉLVETE PRESENCIA EN TU PRESENTE

OCTAVIO ELIZONDO

YO SOY, AQUÍ Y AHORA
VUÉLVETE PRESENCIA
EN TU PRESENTE
Edición: GHOST CAT BOOKS EDICIONES™

Primera edición - 2024
D. R. © 2024, OCTAVIO ELIZONDO

*A todos los que me acompañan
con su apoyo y cariño durante
estos años, dedico este libro.
Ustedes han sido mi inspiración
constante, mi motivación y mi fuerza.
Gracias por estar allí en cada
paso del camino. Este libro es un
tributo a nuestra conexión, con
profunda gratitud y afecto,
para ustedes*

OCTAVIO ELIZONDO

Querido lector, escribir este primer libro ha sido un proyecto que quería materializar desde hace mucho tiempo, por lo que hoy que es una realidad me siento muy complacido y orgulloso de poder compartir contigo esta obra en la que he puesto toda mi energía y mi cariño. No pretendo adentrarme en conceptos sofisticados y profundos, más bien he tratado de simplificar lo mejor posible su lectura con la finalidad de que sea lo más ameno y digerible; por favor considéralo una guía de consulta rápida. "YO SOY, AQUÍ Y AHORA" ha sido cread o con todo mi amor para ti y los tuyos. Espero que lo disfrutes y que te ayude a conectarte con tu verdadera esencia.

Octavio Elizondo

CONTENIDO

INTRODUCCIÓN

Desde que tengo memoria he experimentado todo tipo de sucesos paranormales que han desafiado mi comprensión racional y me han abierto a una realidad más allá de lo visible. Mis primeros recuerdos están impregnados de sensaciones extrañas. En ocasiones, al entrar a una habitación, sentía una especie de vibración en el aire, como si hubiera una corriente de energía invisible. En otras ocasiones, percibía presencias etéreas, figuras fugaces que se desvanecían en la penumbra.

Al principio no entendía bien lo que estaba pasando. Sin embargo, con el paso del tiempo y con la ayuda de mis Guías Espirituales, fui aprendiendo a manejarlo y a comprender su significado. Comencé a desarrollar mi intuición y mi capacidad para canalizar energías. Aprendí a identificar bloqueos, a limpiar y a armonizar energéticamente. Con fe, práctica y dedicación, mis habilidades fueron creciendo y fortaleciéndose, al mismo tiempo que se intensificaban mis experiencias paranormales. He presenciado fenómenos que van más allá de nuestra realidad objetiva, tales como: Seres de alta vibración, objetos físicos no pertenecientes a esta dimensión así como fenómenos paranormales denominados Poltergeist.

En un inicio, estas experiencias me resultaban extrañas... e incluso dolorosas, pues muchas de ellas se manifestaban con afectaciones físicas y energéticas hacia mi persona. No sabía cómo interpretarlas ni cómo integrarlas en mi vida cotidiana, pero pronto aprendí a aceptarlas como parte de mi realidad y a utilizarlas para ayudar a los demás. Hoy en día, mi vida gira en torno a la energía y la conexión con lo paranormal. Estoy comprometido con el servicio hacia las personas que necesitar armonización, transmutación; con aquellos que buscan encontrar respuestas y conectar con el "Yo Soy, Aquí y Ahora".

El camino no ha sido fácil. He tenido que superar mis dudas y las críticas de quienes no comprenden mi trabajo. Sin embargo, mi devoción por ayudar a los demás y la certeza de que estoy cumpliendo mi propósito me impulsan a seguir adelante.

Comencemos.

1 El Poder del "Yo Soy"

"Lo que piensas, lo creas; lo que dices, lo manifiestas; lo que crees, lo recibes."

- Buddha –

"Yo Soy", las palabras más simples y a la vez más poderosas que existen

La Fuerza Creadora

La conexión que tengo con el mundo espiritual es muy especial. Puedo sentir las vibraciones de las cosas, las emociones de las personas, como si fueran corrientes de energía fluyendo a mi alrededor. He aprendido a canalizar y manipular esas energías, a utilizarlas para depurar, para comprender y para crecer.

Hace poco llegó hasta mi consultorio una mujer cuyos ojos reflejaban un cansancio profundo, una tristeza que parecía arraigada en lo más profundo de su ser. Me contó sobre su vida, llena de desafíos y pérdidas, y cómo se sentía atrapada en un ciclo de negatividad. Comenzamos la sesión y, mientras ella hablaba, yo podía sentir la energía negativa que la envolvía. Era como una pesada capa de plomo que opacaba su luz interior. Con cuidado, comencé a trabajar, visualizando la energía oscura como una niebla que se disipaba bajo la luz del sol.

A medida que avanzaba la armonización, pude sentir cómo la mujer empezaba a relajarse. Su respiración se hizo más profunda y sus hombros se aflojaron. Me contó que sentía como si una gran carga se hubiera levantado de sus hombros.

Al finalizar la sesión, su energía era completamente diferente. Sus ojos, antes opacos, ahora brillaban con una nueva esperanza. Me dijo que se sentía más ligera, más libre y más conectada consigo misma. En ese momento, comprendí la importancia de mi trabajo: El poder ayudar a las personas a reconectar con su propia luz interior, a liberarse de las sombras que las atan y a encontrar la paz.

Cada persona a la que atiendo lleva consigo una historia única, un dolor propio. Y aunque no puedo borrar sus heridas, puedo ayudarlos a encontrar la fuerza para seguir adelante. Al final del día, me siento agradecido por este don. Es una responsabilidad enorme, pero también es una gran bendición. Poder ser testigo de la transformación de otra persona es una experiencia que llena mi alma de alegría.

El concepto de "Yo Soy" ha sido mi brújula en este viaje. Al principio, era solo una frase que repetía, una afirmación que me ayudaba a sentirme más seguro. Pero a medida que profundizaba en mi práctica, comprendí que "Yo Soy" era mucho más que eso. Era una declaración de identidad, una conexión con algo más grande que yo, una puerta hacia infinitas posibilidades.

"Yo Soy". No es un simple acto de habla, sino una afirmación de mi existencia, de mi esencia. Es reconocer que soy parte de un todo, un hilo en el tejido de la vida. Al mencionarla, siento cómo mi energía se alinea con la energía universal, como si fuera una gota que se une al océano.

Utilizo el "Yo Soy" como un ancla. Cuando me siento abrumado por las emociones, repito "Yo Soy paz". Cuando tengo miedo, digo "Yo Soy valentía". Cuando necesito claridad, afirmo "Yo Soy sabiduría". Estas afirmaciones no son solo palabras, son herramientas poderosas que me ayudan a moldear mi realidad. He aprendido que el "Yo Soy" es un creador. Cada pensamiento, cada palabra, cada emoción que emitimos con este mantra, crea nuestra realidad. Si digo "Yo Soy pobre", atraeré la pobreza. Si digo "Yo Soy abundante", la abundancia vendrá a mí. Es un principio simple pero profundo que ha transformado mi vida.

A través de mi trabajo como canalizador energético, he visto cómo el "Yo Soy" puede transformar la vida de otros. Al ayudar a las personas a conectar con su propio "Yo Soy", las estoy empoderando para crear la vida que desean. Les estoy mostrando que tienen el poder de sanarse a sí mismos y de manifestar sus sueños.

La importancia del "Yo Soy"

Primero, comenzamos con el "Yo Soy". Esta frase implica un reconocimiento profundo de uno mismo. En una sociedad que constantemente intenta definirnos a través de etiquetas, roles y expectativas, entender y afirmar nuestra esencia es crucial. "Yo Soy" es un poderoso recordatorio de que nuestra identidad no está determinada por nuestras circunstancias, sino que se genera desde nuestro interior. Este autoconocimiento no solo nos empodera, también nos ayuda a establecer límites saludables y a interactuar con el mundo de una manera más auténtica.

"Aquí y Ahora" nos ancla al momento presente. Este enfoque consciente permite un mayor disfrute de la vida cotidiana; nos anima a apreciar cada instante, desde la belleza de la naturaleza hasta una conversación con un amigo. Practicar el estar Aquí y Ahora reduce la ansiedad y el estrés y nos ayuda a vivir con más intención y gratitud.

La combinación de "Yo Soy" y "Aquí y Ahora" crea un poderoso ciclo de autoafirmación y presencia. En los siguientes capítulos abordaremos más a profundidad este tema.

1. Yo Soy, la Fuerza de la Creación

La frase "Yo Soy" es más que una simple afirmación de existencia; es un portal hacia un Universo de posibilidades infinitas. Al pronunciar estas dos palabras, nos conectamos con una fuente de poder creativo que reside en nuestro interior, una chispa divina que nos impulsa a co-crear nuestra realidad.

La física cuántica nos ha revelado que todo en el Universo está compuesto de energía vibrante. Esta energía no es estática, sino que se encuentra en constante movimiento y transformación. Si la materia es energía, y nosotros somos seres materiales, entonces también somos energía. Esta perspectiva nos permite vernos a nosotros mismos como seres dinámicos y en constante evolución, capaces de influir en la realidad que experimentamos.

Cuando pronunciamos "Yo Soy", estamos reconociendo nuestra naturaleza energética y afirmando nuestra conexión con la fuente de toda creación. Al hacerlo, activamos un proceso de alineación entre nuestra conciencia y el campo cuántico, creando posibilidades infinitas.

"Yo Soy el que Yo Soy":
Una Inmersión en la Esencia Divina

La frase "Yo Soy el que Yo Soy", revelada por Dios a Moisés en el Éxodo, es una de las afirmaciones más enigmáticas y poderosas de la historia. Más allá de ser una simple declaración de existencia, esta frase encapsula la esencia misma de la divinidad, invitándonos a una profunda reflexión sobre nuestra propia naturaleza y nuestra conexión con un poder superior.

Cuando Dios se le revela a Moisés con estas palabras, está declarando su propia auto existencia. No es algo creado, sino el creador mismo. "Yo Soy" no es un nombre en el sentido convencional, sino una afirmación de ser eterno, inmutable y autosuficiente. Esta auto-existencia divina es la base de todo lo que existe, la fuente de toda vida y el origen de toda realidad. Más allá de su significado teológico, la frase "Yo Soy el que Yo Soy" también es una invitación a la conexión. Al revelarse de esta manera, Dios está diciendo a la humanidad: "Yo Soy Quien Soy, y tú también eres parte de esta esencia divina". Esto nos invita a reconocer nuestra propia divinidad interior, a despertar a la conciencia de que somos parte de algo más grande que nosotros mismos.

La frase "Yo Soy" tiene profundas implicaciones para nuestra vida cotidiana. Al reconocer nuestra conexión con la divinidad, podemos:

- Descubrir nuestro propósito: Al ser parte de la esencia divina, cada uno de nosotros tiene un propósito único en la vida.

- Experimentar la paz interior: La conexión con lo divino nos brinda una sensación de paz y tranquilidad que trasciende las circunstancias externas.

- Manifestar nuestros deseos: Al alinearnos con nuestra verdadera naturaleza, podemos manifestar nuestros deseos más profundos.

- Superar los desafíos: La conciencia de nuestra divinidad interior nos da la fuerza para superar cualquier obstáculo.

La frase "Yo Soy" también está profundamente relacionada con la creatividad humana. Al afirmar nuestra conexión con la fuente de toda creación, estamos reconociendo nuestro propio potencial creativo. Cada uno de nosotros es un co-creador del Universo, capaz de dar forma a nuestra realidad a través de nuestros pensamientos, palabras y acciones.

"Yo Soy" es una frase que trasciende las barreras del tiempo y la cultura. Es una invitación a explorar las profundidades de nuestra propia existencia y a conectar con una realidad más grande que nosotros mismos. Al reconocer nuestra propia divinidad interior, podemos vivir una vida más plena, significativa y en armonía con el Universo.

Al decir "Yo Soy", reconocemos nuestra propia existencia y nuestro potencial para conectar con algo más grande que nosotros mismos.

Somos una extensión de Dios

La afirmación de que somos una extensión de Dios es un concepto que ha resonado en diversas tradiciones espirituales a lo largo de la historia. Esta idea, aparentemente sencilla, encierra una profundidad cosmológica y una implicación existencial de gran envergadura. Al explorar esta noción, nos adentraremos en un terreno donde la filosofía, la teología y la psicología se entrelazan, buscando comprender qué significa ser una extensión de la divinidad y cómo esta concepción se relaciona con la poderosa afirmación del "Yo Soy".

Es la conciencia de una conexión intrínseca con algo más grande que nosotros mismos, una sensación de unidad con el cosmos.

Al ser extensiones de Dios, somos co-creadores de nuestra realidad. La afirmación del "Yo Soy" es una expresión poderosa de esta co-creación. Cuando decimos "Yo Soy", estamos declarando nuestra identidad más profunda, nuestra conexión con el principio creador. Al pronunciar estas palabras, estamos activando una fuerza interior que nos permite dar forma a nuestra vida y a nuestro mundo.

La frase "Yo Soy" no es solo una afirmación, sino una experiencia. Es la experiencia de ser un ser consciente, de existir en el presente momento. Es la toma de conciencia de nuestra propia divinidad, de nuestra capacidad de crear y de manifestar. Al repetir esta afirmación, estamos recordándonos nuestra verdadera naturaleza y nos estamos empoderando para vivir una vida auténtica y plena.

La conexión entre ser una extensión de Dios y el "Yo Soy" nos lleva a una comprensión más profunda de nuestra identidad. Somos mucho más que nuestros cuerpos físicos y nuestras mentes pensantes. Somos seres espirituales, conectados con una fuente de energía infinita. Al reconocer esta conexión, podemos trascender los límites de nuestro ego y experimentar una sensación de paz y libertad interior.

Sin embargo, es importante destacar que ser una extensión de Dios no significa ser perfectos o infalibles. Somos seres en constante evolución, aprendiendo y creciendo a través de nuestras experiencias. La afirmación del "Yo Soy" es un proceso continuo, una práctica que requiere disciplina y paciencia.

"Yo Soy" es una afirmación que cuando la utilizamos reconocemos nuestra conexión con el Universo y afirmamos nuestra propia existencia. El "Yo Soy" celebra la rica diversidad de la experiencia humana, ya que cada individuo posee una identidad única, moldeada por sus propias experiencias, culturas y perspectivas.

"Yo Soy" es una afirmación poderosísima que nos lleva a ese gran viaje de retorno a nuestra esencia divina. El "Yo Soy" es un viaje continuo, no un destino final. A medida que crecemos y experimentamos, nuestra comprensión de nosotros mismos también evoluciona. Abraza el cambio, explora nuevas facetas de tu ser y nunca dejes de descubrir la profundidad que reside en las palabras más importantes que puedes pronunciar:

"Yo Soy"

2. Conexión con nuestra Esencia

A lo largo de todos estos años he tenido la oportunidad de poder apoyar a incontables personas que acuden a mi consultorio con la finalidad de mejorar sus vidas. Para mi ha resultado fascinante el poder conectar con tantas personas y poder percibir tantas y tan variados tipos de energías, sin embargo un tema común ha sido el que muchas personas no han logrado establecer una conexión consigo mismas y con su yo interior.

Y lo entiendo, todos vivimos nuestro día a día con prisas compromisos y actividades que nos dejan poco tiempo para poder conectarnos con nuestra esencia, y a menudo nos encontramos atrapados en las demandas del mundo exterior, perdiendo de vista esa parte más profunda y esencial de nosotros mismos. Sin embargo, es fundamental cultivar ese vínculo con nuestra espiritualidad para encontrar un sentido de paz, propósito y autenticidad en nuestras vidas. Para conectarnos con nuestra esencia, es importante dedicar tiempo a la meditación, reflexión y a la introspección.

Reservar momentos de silencio y soledad puede ser transformador. A través de la meditación, la contemplación y la práctica de la gratitud, podemos abrirnos a nuestra esencia y escuchar la voz de nuestro yo interior. Es en esos espacios de quietud donde encontramos respuestas a nuestras preguntas más profundas. La belleza y la armonía del mundo natural nos invitan a ser testigos de la grandeza de la creación y a recordar que también formamos parte de ese tejido sagrado de la existencia. Caminar por un parque, una playa, un bosque, observar un amanecer o contemplar las estrellas en la noche nos ayuda a sentirnos parte de algo más grande y nos conecta con la esencia pura que late en nuestro interior.

La gratitud y la generosidad son claves para fortalecer nuestro vínculo con nuestra espiritualidad. Reconocer y apreciar las bendiciones que han llegado a nuestra vida, así como compartir con los demás desde el corazón, nos abren a recibir y dar amor de manera incondicional. Esto nos conecta con la fuente de energía positiva que fluye a través de todo el Universo y nos ayuda a alinearnos con nuestra verdadera esencia.

.

Espiritualidad

Es a través de la espiritualidad que el ser humano busca el significado, conexión y propósito con algo más grande que el mismo. En el trasfondo de la espiritualidad se encuentra la noción de nuestro yo interior, esa parte de nosotros que trasciende lo material y se conecta con lo trascendental.

Nuestro yo interior es la esencia misma de quienes somos. Es la fuente de nuestra intuición, creatividad y sabiduría. Es en este espacio interno donde podemos encontrar la paz, la alegría y la plenitud. Es necesario tomarse el tiempo para escuchar nuestra voz interior y comprender nuestro origen.

La espiritualidad no implica ser parte de alguna religión, se trata más de la experiencia personal y única de cada uno de nosotros. Es cultivar una relación cercana con nuestro yo interior, con el prójimo y con el Universo en su conjunto. Es a través de esta conexión profunda que podemos experimentar un sentido de realización que trasciende las limitaciones del mundo material.

En este viaje hacia la realización, es importante también practicar la compasión, la piedad, la misericordia y la empatía hacia los demás. La espiritualidad nos invita a trascender el egoísmo y el individualismo, y a abrazar la interconexión y la unidad que nos une a todos, es un camino de autodescubrimiento y crecimiento personal. Al conectarnos con nuestro yo interior, cultivar relaciones significativas y practicar la compasión, podemos alcanzar un estado de armonía y paz interior que trasciende las preocupaciones mundanas.

Que este viaje hacia la totalidad nos guíe hacia una vida más plena y significativa, en la que podamos vivir en equilibrio con nosotros mismos y con el mundo que nos rodea.

Somos partículas, extensiones de Dios, somos hechos a su imagen y semejanza.

La esencia del "Yo Soy"

Conectar con nuestra esencia "Yo Soy" es un viaje personal que requiere tiempo, paciencia y dedicación. No hay un camino único para todos, lo importante es encontrar lo que funcione mejor para cada uno, siendo constantes en nuestra práctica.

Con un poco de esfuerzo, podemos descubrir la paz, el amor y el poder que residen en nuestro interior y vivir una vida más plena y significativa. Es un camino de autodescubrimiento que nos permite acceder a la fuente de paz, amor y poder ilimitados. Es un proceso de desprendimiento de las capas que nos han condicionado a lo largo de la vida, para revelar nuestro verdadero ser, auténtico y radiante.

La esencia "Yo Soy" es la parte más profunda de nuestro ser, la chispa divina que reside en cada uno de nosotros. Es la esencia de nuestra alma, libre de las ataduras del ego y las limitaciones del mundo exterior. Es un estado de conciencia pura, donde experimentamos unidad con todo lo que existe.

Conectar con nuestra esencia del "Yo Soy" nos brinda innumerables beneficios, ya que nos permite liberarnos de las emociones negativas como el miedo, la ira y la culpa, y acceder a un estado de paz profunda y duradera; que aumenta nuestra autoestima y nos permite aceptarnos y amarnos incondicionalmente, además de que nos brinda una mayor claridad mental y emocional, permitiéndonos tomar decisiones más acertadas. También despierta nuestra creatividad e intuición, conectando con nuevas ideas y posibilidades.

La afirmación "Yo Soy", con su simplicidad profunda, encierra un poder transformador que ha sido venerado por culturas y tradiciones espirituales durante milenios. Más que una simple afirmación, es una puerta de entrada a la autoconciencia, la manifestación y la conexión con nuestro ser divino. En su esencia, la afirmación "Yo Soy" nos invita a reconocer nuestra verdadera naturaleza, trascendiendo las limitaciones del ego y las definiciones externas. Es un recordatorio de que somos algo más que nuestros pensamientos, emociones y experiencias: somos la esencia misma de la conciencia, infinitos potenciales con posibilidades ilimitadas. Al repetir esta afirmación con atención y convicción, comenzamos a alinear nuestras vibraciones internas con la frecuencia de nuestro Ser Superior. Creamos un campo de energía resonante con aquello que deseamos atraer, ya sea salud, abundancia, amor o paz interior. "Yo Soy" no es solo una herramienta para la manifestación; es también un camino hacia la sanación y la liberación en tiempo presente que nos abre espacio para la compasión, el perdón y la aceptación hacia nosotros mismos y hacia los demás.

La repetición del "Yo Soy" en silencio durante la meditación nos lleva a un estado de profunda paz interior y quietud mental. En este estado, podemos observar nuestros pensamientos y emociones sin juicio, conectando con la esencia de nuestro ser.

Expresar gratitud por todo lo que tenemos en nuestras vidas, grande o pequeño, es una forma poderosa de utilizar el "Yo Soy". Al reconocer la abundancia que nos rodea, abrimos espacio para recibir aún más bendiciones. "Yo Soy" es un regalo invaluable que tenemos a nuestra disposición. Al incorporarlo a nuestras vidas con consciencia y apertura, podemos transformar nuestra realidad y crear una existencia más plena, amorosa y abundante.

Existen diversos caminos para conectar con nuestra esencia "Yo Soy":

Meditación: A través de la meditación podemos calmar la mente y conectar con nuestro ser interior. Existen diversas técnicas de meditación, como la meditación *mindfulness*, la meditación trascendental y la meditación zen.

Introspección: Mediante la introspección es que podemos profundizar sobre nuestras emociones, experiencias y pensamientos. Podemos dedicar tiempo cada día a reflexionar sobre nuestras vidas, prestando atención a lo que realmente nos importa y lo que nos hace sentir felices y realizados.

Conexión con el entorno natural: Pasar tiempo en la naturaleza nos ayuda a desconectarnos del ruido externo y conectarnos con la energía vibrante de la tierra. Podemos caminar en el bosque, nadar en el mar o simplemente sentarnos bajo un árbol y observar la belleza que nos rodea.

Gratitud: Al cultivar esta simple emoción, podemos transformar nuestra vida de manera positiva y significativa. Podemos llevar un diario de gratitud o simplemente expresar gratitud por las cosas que damos por sentado.

Servicio a los demás: Ayudar a los demás es una forma de conectar con nuestra esencia "Yo Soy" y experimentar la alegría de dar. Podemos ofrecer nuestro tiempo, talento o recursos a una causa que nos apasione.

Saber conectarnos con nuestra esencia y nuestro yo interior es un viaje fascinante hacia la plenitud y la realización personal.

Al repetir de manera constante "Yo Soy", se convertirá en un mantra, cuanto más uses ese mantra, más fuerte será el impacto en tu vida

---

3. Descubre tu verdadero yo

Desde que era un niño, siempre me he sentido intrigado por la idea de descubrir mi verdadero yo, de explorar las capas profundas de mi ser y entender quién soy realmente. A lo largo de los años, he emprendido un viaje de autodescubrimiento que ha sido transformador y revelador en muchos aspectos.

Mi viaje hacia el descubrimiento de mi verdadero yo comenzó con la autorreflexión. Me di cuenta de la importancia de mirar hacia adentro y cuestionar mis creencias, valores y experiencias pasadas. Al examinar mis pensamientos y emociones de manera honesta y sin filtros, pude finalmente desentrañar las complejidades de mi personalidad y comprender mejor mis motivaciones y deseos más profundos.

El autoconocimiento requiere valentía y disposición para enfrentar nuestras debilidades y limitaciones. Al aceptar mis imperfecciones y aprender de mis tropiezos, pude crecer y evolucionar como individuo. Descubrí que la vulnerabilidad es una fortaleza y que al abrazar todas las partes de mí mismo, pude sentir una mayor sensación de integridad y autenticidad.

Otro aspecto fundamental en mi viaje de autodescubrimiento ha sido la conexión con los demás. A través de relaciones significativas y conversaciones enriquecedoras, he aprendido sobre mí mismo a reflejarme en los demás. Las interacciones con amigos, familiares e incluso extraños han sido espejos que me han permitido ver aspectos de mí mismo que de otra manera habrían permanecido ocultos.

En este proceso de exploración interna, también he descubierto la importancia de la autorreflexión continua. El crecimiento personal no debería ser un destino final, sino un viaje continuo de aprendizaje y desarrollo. Estar abierto a nuevas experiencias, desafíos y oportunidades de crecimiento es esencial para seguir descubriendo nuevas facetas de mi verdadero yo. El camino hacia el descubrimiento de mi verdadero yo ha sido una experiencia profundamente transformadora y enriquecedora.

Cada día es una oportunidad para seguir explorando las infinitas posibilidades de quién puedo llegar a ser, y estoy emocionado por continuar esta maravillosa travesía de autodescubrimiento con confianza.

Autodescubrimiento

Los humanos somos seres complejos; una amalgama de experiencias, emociones y recuerdos. Somos el producto de nuestro pasado, el presente que vivimos y el futuro que anhelamos. Somos seres en constante evolución, aprendiendo y creciendo con cada paso que damos.

En lo personal, no siempre he sido quien soy hoy. He pasado por etapas de duda, incertidumbre e incluso miedo. He cuestionado mi identidad, mis valores y mi lugar en el mundo. Pero a través de cada desafío, he descubierto una nueva capa de mí mismo, una nueva faceta de mi ser.

He aprendido que "Yo Soy" no es una definición estática, sino un proceso continuo de autodescubrimiento. Soy las personas que he amado y que me han amado, las experiencias que me han marcado y las lecciones que he aprendido. Soy mis sueños, mis aspiraciones y mis miedos. Soy la fuerza que me impulsa a seguir adelante a pesar de las dificultades. Soy la esperanza que me permite creer en un mañana mejor. Soy la luz que ilumina mi camino y me guía hacia mi propósito.

Soy un ser único e irrepetible, parte integral de este Universo vasto y misterioso. Soy un hijo, un hermano, un amigo, un amante. Soy un estudiante, un maestro, un trabajador, un artista, un soñador.

Soy todo esto y mucho más. Soy "Yo Soy", y estoy orgulloso de serlo.

Recuerdo un día en particular, hace ya algunos años. Me encontraba, por decirlo de alguna manera, confundido. Sentía como si no encajara en ningún lado, como si no perteneciera a ningún lugar. En ese momento me senté bajo un árbol y cerré los ojos. Respiré hondo y me concentré en mi interior. En ese instante, una voz suave y tranquila me dijo: "Tú eres todo lo que necesitas ser. No busques fuera, lo que ya está dentro de ti."

Esas palabras me cambiaron para siempre. Desde entonces, he emprendido un viaje de autodescubrimiento, explorando las profundidades de mi ser y descubriendo mi verdadero potencial. Todavía hay mucho por aprender, pero sé que estoy en el camino correcto.

Las expectativas externas a menudo dictan nuestras acciones y decisiones, la búsqueda de conectar con nuestro verdadero yo se vuelve una necesidad primordial. La autenticidad, que se manifiesta en esta conexión interna, potencia no solo nuestro bienestar emocional, sino que también nos permite vivir con propósito y claridad.

A medida que nos adentramos en nuestras emociones, deseos y valores más profundos, comenzamos a despojarnos de las capas de prisiones sociales y de las expectativas que a menudo nos atan. A través de la introspección podemos identificar quiénes somos realmente, más allá de los roles que desempeñamos en nuestras vidas diarias, como padres, empleados o amigos. Este proceso no solo nos proporciona claridad sobre nuestras verdaderas pasiones y objetivos, sino que también nos empodera para tomar decisiones que estén alineadas con nuestra esencia.

Los beneficios de conectar con nuestro verdadero yo son múltiples y profundos. En primer lugar, las personas que viven de manera auténtica tienden a experimentar una mayor satisfacción en la vida. Al seguir nuestros verdaderos intereses y valores, nos sentimos motivados y comprometidos, lo que a su vez aumenta nuestra autoestima y confianza. Este sentido de autenticidad también mejora nuestras relaciones interpersonales, ya que al ser honestos con nosotros mismos, podemos ser genuinos con los demás. La vulnerabilidad y la apertura que surgen de esta conexión pueden fortalecer los lazos afectivos y fomentar un sentido de comunidad.

Pregúntate a ti mismo qué te apasiona, cuáles son tus miedos y qué te hace sentir plenamente vivo. Con el tiempo, este esfuerzo consciente nos ayudará a ir desenterrando nuestra esencia oculta y a vivir de manera más plena.

Conectar con nuestro verdadero yo es un camino esencial hacia el crecimiento personal y la satisfacción en la vida. A medida que invertimos en esta conexión interna, no solo nos transformamos a nosotros mismos, sino que también contribuimos a un mundo donde la autenticidad y la honestidad son valoradas. Al final, la búsqueda de ser verdaderamente nosotros mismos nos permite vivir una vida llena de propósito y significado, y hace que cada día cuente en nuestra experiencia humana.

2 La Presencia en el "Aquí y Ahora"

"El pasado es historia, el futuro es un misterio, pero el presente es un regalo. Por eso se llama presente."

- Confucio:

Cada momento es un regalo, un milagro efímero que debe ser valorado y atesorado.

Un café con sabor a presente

El aroma a café recién hecho me invade mientras observo el vaivén de la gente en la concurrida cafetería. Un sorbo de mi bebida humeante me transporta al "Aquí y Ahora", alejando por un instante las preocupaciones del pasado y las incertidumbres del futuro.

En este momento, solo existo yo, la taza entre mis manos y el calor que se expande por mi cuerpo. Siento el suave roce de la brisa en mi rostro y el murmullo de las conversaciones a mi alrededor. Un niño corretea entre las mesas, riendo con alegría contagiosa, mientras una pareja de ancianos se toma de la mano con ternura.

Es en estos pequeños detalles, en la simplicidad del presente, donde encuentro la belleza de la vida. No necesito grandes hazañas ni posesiones materiales para ser feliz. Me basta con estar Aquí, Ahora, consciente de mi respiración, de mis sentidos y de la infinidad de posibilidades que se abren ante mí.

Cierro los ojos y dejo que la música ambiental me envuelva. Es una balada de rock clásica. El ritmo me lleva a mover la cabeza al compás, sin pensar en nada más que en la melodía y en la sensación que me invade. Al abrirlos, encuentro una sonrisa en mi rostro, una sonrisa genuina que nace de la conexión con el presente. En este instante, me siento vivo. Siento la vida fluir por mis venas, latiendo con fuerza en mi corazón. Soy consciente de mi existencia, de mi ser único e irrepetible. Y en esa consciencia, encuentro paz y plenitud.

Me levanto de la mesa, listo para afrontar el resto del día con una nueva perspectiva. He aprendido que la felicidad no está en un destino lejano, sino en el viaje mismo. He aprendido a apreciar el presente, a saborear cada momento como si fuera el último.

Porque la vida es esto: un conjunto de instantes fugaces que debemos aprovechar al máximo. Y la clave para hacerlo es vivir en el "Aquí y Ahora", con los cinco sentidos despiertos y el corazón abierto a las infinitas posibilidades que nos ofrece el presente.

1. Vivir en el Aquí y Ahora

El presente es un momento efímero, un suspiro en el vasto océano del tiempo. A menudo nos encontramos atrapados entre el pasado que ya no podemos cambiar y el futuro que aún no ha llegado. Sin embargo, la verdadera esencia de nuestra existencia se encuentra "Aquí y Ahora". Este instante, aunque fugaz, es donde reside nuestro verdadero poder.

Cada segundo que pasa es una oportunidad para ser conscientes de nuestra propia presencia, de nuestro ser. En este momento, podemos sentir la respiración que entra y sale de nuestros pulmones, el latido constante de nuestro corazón, y el suave murmullo de nuestros pensamientos. Ser consciente del presente nos permite conectarnos con nuestra esencia más profunda, con el "Yo Soy" que trasciende el tiempo y el espacio.

La mente humana tiene una tendencia natural a vagar, a revivir recuerdos del pasado o a anticipar lo que vendrá. Sin embargo, cuando logramos centrar nuestra atención en el presente, descubrimos una paz y una claridad que no se encuentran en ningún otro lugar. Es en este estado de presencia plena donde podemos experimentar la vida en su máxima expresión, libres de las cadenas del arrepentimiento y de la ansiedad.

El presente es también un espacio de creación. Cada elección que hacemos en este momento tiene el poder de moldear nuestro futuro. Al ser conscientes de nuestras decisiones y acciones, podemos dirigir nuestra vida hacia un camino de autenticidad y plenitud. La clave está en vivir con intención, en ser conscientes de cada pensamiento, palabra y acción, y en reconocer el impacto que tienen en nuestro ser y en el mundo que nos rodea.

La práctica de la atención plena, o *mindfulness*, es otra herramienta poderosa para anclarnos en el presente. A través de la meditación, la respiración consciente y la observación de nuestros pensamientos y emociones, podemos cultivar una mayor conciencia de nuestro estado actual. Esta práctica nos permite desvincularnos de las distracciones y preocupaciones que nos alejan del "Aquí y Ahora", y nos invita a sumergirnos en la experiencia del momento presente con una mente abierta y un corazón receptivo.

Vivir en el presente no significa ignorar el pasado o desentenderse del futuro. Más bien, se trata de reconocer que el único momento que realmente tenemos es el Ahora. Al honrar este momento, podemos aprender de nuestras experiencias pasadas y prepararnos para lo que está por venir, pero sin perdernos en ellos.

El presente es un regalo, una oportunidad para ser verdaderamente nosotros mismos. Es un recordatorio de que la vida no se mide en años, meses o días, sino en momentos. Al abrazar el "Aquí y Ahora", nos conectamos con la esencia de nuestro ser, con el "Yo Soy" que siempre ha estado y siempre estará presente.

En este instante, somos libres de ser, de sentir, de vivir. Al centrar nuestra atención en el presente, descubrimos la belleza y la magia que reside en cada momento. Este es el camino hacia una vida plena y auténtica, una vida vivida en armonía con nuestro verdadero ser.

No te aferres al pasado ni te preocupes por el futuro. Vive intensamente el ahora.

El Tiempo Presente

Al vivir el presente, nos reconectamos con nuestra esencia más pura. En ese estado de conexión, podemos experimentar la verdadera paz y plenitud. No se trata de ignorar nuestras responsabilidades o de vivir sin planificar, sino de encontrar un equilibrio donde podamos actuar con conciencia plena. Cada acción, por pequeña que sea, tiene un valor incalculable cuando se realiza con atención y dedicación.

La simplicidad del presente puede ser desconcertante para una mente acostumbrada a la complejidad y al ruido. Sin embargo, en esa simplicidad reside una verdad profunda: la paz no se encuentra en la ausencia de problemas, sino en la capacidad de enfrentarlos con una mente serena y un corazón abierto. Cuando logramos esto, cada desafío se convierte en una oportunidad para crecer y aprender.

El Ahora también nos conecta con los demás de una manera más auténtica. Al estar presentes, podemos escuchar y comprender mejor a quienes nos rodean. Nuestras relaciones se enriquecen y se profundizan, porque estamos verdaderamente ahí, compartiendo y experimentando juntos. La empatía y la compasión florecen en un corazón que vive en el presente.

A medida que practicamos el arte de vivir el momento, comenzamos a apreciar la belleza de la impermanencia. Cada momento es un regalo, un milagro efímero que debe ser valorado y atesorado. Al abrazar esta verdad, encontramos una nueva apreciación por la vida y por todo lo que nos ofrece.

Vivir el momento es un acto de amor hacia uno mismo y hacia el mundo. Es un reconocimiento de nuestra propia existencia y de la maravilla de estar vivos. Es una invitación a despertar y a vivir con plena conciencia, a saborear cada instante y a encontrar la alegría en lo cotidiano.

Al reconocer nuestra existencia en el presente, tomamos las riendas de nuestra vida y nos empoderamos para crear el futuro que deseamos.

---

2. Conciencia Plena

La respiración se convierte en un ancla en medio del caos cotidiano. Sentir el aire entrar y salir de los pulmones es una forma sencilla de conectar con el momento presente. A menudo, nuestras mentes están ocupadas en una danza interminable de pensamientos, preocupaciones y planes futuros. Pero cuando llevamos nuestra atención a la respiración, todo se ralentiza. Es como si el tiempo se expandiera y nos permitiera saborear cada instante.

Observar sin juzgar es otro pilar fundamental. En nuestra vida diaria, estamos condicionados a etiquetar y categorizar todo lo que experimentamos. Sin embargo, cuando practicamos la conciencia plena, aprendemos a ver las cosas tal como son, sin el filtro de nuestras opiniones y prejuicios. Este simple acto de observación puede abrirnos a una nueva forma de entender y relacionarnos con el mundo.

La práctica de la conciencia plena no se limita a momentos específicos de meditación; se puede integrar en cada aspecto de nuestra vida. Al comer, podemos prestar atención a los sabores, las texturas y los aromas de los alimentos. Al caminar, podemos sentir el contacto de nuestros pies con el suelo y el ritmo de nuestros pasos. Incluso en una conversación, podemos estar presentes, escuchando realmente a la otra persona sin distraernos con nuestros propios pensamientos.

Es en estos pequeños momentos donde reside la verdadera magia. No se trata de alcanzar un estado perfecto de calma o iluminación, sino de estar completamente presentes en lo que estamos haciendo. Cada instante se convierte en una oportunidad para conectar con nosotros mismos y con el entorno.

Es importante recordar que la conciencia plena es una práctica, no una perfección. Habrá días en los que nuestra mente esté más inquieta y otros en los que logremos una mayor serenidad. Lo esencial es la intención y el esfuerzo constante. Al igual que cualquier habilidad, mejora con el tiempo y la dedicación.

La gratitud también juega un papel crucial en la práctica de la conciencia plena. Agradecer las pequeñas cosas, como el calor del sol en la piel o el sonido de las hojas al viento, nos ayuda a apreciar la belleza de lo cotidiano. Esta actitud de gratitud puede transformar nuestra perspectiva y hacernos más conscientes de las bendiciones que nos rodean.

La conexión con el cuerpo es otro aspecto vital. A menudo, vivimos desconectados de nuestras sensaciones físicas, ignorando las señales que nuestro cuerpo nos envía. Practicar la conciencia plena nos permite reconectar con nuestro cuerpo, reconocer sus necesidades y cuidarlo mejor. Ya sea a través del yoga, la meditación o simplemente prestando atención a cómo nos sentimos, esta conexión nos brinda una mayor armonía y equilibrio.

La conciencia plena nos invita a vivir de una manera más auténtica y plena. Nos desafía a estar presentes, a abrazar cada momento con una mente abierta y un corazón agradecido. Nos recuerda que la vida no se trata de llegar a un destino, sino de disfrutar del viaje, momento a momento.

3. Arraigarse en el Ahora

La mente, con su tendencia a divagar entre el pasado y el futuro, nos priva de la riqueza del momento presente. Es por eso por lo que debemos redescubrir la importancia de arraigarnos en el "Ahora", de encontrar esa conexión profunda con el instante que vivimos.

La respiración, ese acto tan sencillo y vital, se convierte en un ancla que nos trae de vuelta al presente cada vez que nuestra mente se dispersa. Al inhalar y exhalar con conciencia, nos damos cuenta de que estamos vivos, "Aquí y Ahora" .

Las distracciones son innumerables y, a menudo, nos encontramos en piloto automático, realizando tareas sin realmente estar presentes. La tecnología, con sus constantes notificaciones y demandas de atención, exacerba esta desconexión. Es crucial establecer momentos de desconexión digital, donde podamos reconectar con nosotros mismos y con nuestro entorno sin las interrupciones constantes de los dispositivos electrónicos.

Caminar descalzos sobre la hierba, sentir el viento en el rostro o simplemente observar el vaivén de las hojas en los árboles, nos recuerda la simplicidad y belleza del momento actual. Estas experiencias sensoriales nos arraigan, nos centran y nos permiten apreciar la vida en su forma más pura.

Las relaciones humanas también juegan un papel fundamental en nuestro arraigo en el presente. Escuchar activamente a los demás, sin juzgar ni anticipar respuestas, nos sumerge en el ahora y fortalece nuestros vínculos.

El cuerpo, a menudo relegado a un segundo plano en nuestra cultura centrada en la mente, es otra ancla poderosa. La práctica de actividades físicas conscientes, como el yoga o el tai chi, nos ayuda a habitar nuestro cuerpo y a sentir cada movimiento con mayor intensidad. Estas disciplinas nos enseñan a sincronizar mente y cuerpo, creando una armonía que nos arraiga en el presente.

Las emociones, aunque a veces intensas y abrumadoras, son parte integral de nuestra experiencia presente. En lugar de evitarlas o reprimirlas, es esencial aprender a observarlas sin juicio. Reconocer y aceptar nuestras emociones tal como son, nos permite vivir de manera más auténtica y liberadora. Esta aceptación nos brinda una claridad que disuelve las barreras entre nosotros y el momento presente.

En cada rincón de nuestra vida diaria existen oportunidades para arraigarnos en el "Ahora". Desde los pequeños rituales matutinos hasta los momentos de introspección antes de dormir, cada instante es una invitación a vivir plenamente. Al cultivar esta presencia consciente, no solo encontramos paz y equilibrio, sino que también redescubrimos la esencia de quienes somos, "Aquí y Ahora".

El pasado es un libro que se ha cerrado. No tiene sentido seguir leyéndolo

---

3 El Poder de Las Palabras

"Tus palabras tienen el poder de sanar o herir. Elige sabiamente."

-Mahatma Gandhi

El poder de las palabras es extraordinario. Pueden construir mundos o destruirlos.

Un encuentro inesperado

Hace ya algunos años me ocurrió un suceso que al día de hoy no he podido olvidar. Era un día gris y lluvioso, de esos que te invitan a quedarte en casa con un libro y una taza de café caliente. Sin embargo, algo me impulsó a salir a dar un paseo por el parque. Caminaba reflexivo, perdido en mis pensamientos, cuando de repente me encontré con una anciana sentada en un banco mientras se resguardaba de la lluvia. Al verme me reconoció y me saludó. -¿Es usted Octavio verdad?- me preguntó.

Su rostro, surcado por las arrugas del tiempo, irradiaba una profunda paz y serenidad. Me acerqué a ella, le saludé y le pregunté si podía sentarme a su lado. Ella me sonrió con dulzura y asintió con la cabeza. De pronto nos encontrábamos inmersos en una charla tan agradable que me hizo olvidar por completo la noción del tiempo.

Me inspiró la confianza que puede brindar una madre, y algo me impulsó a contarle cosas de mi vida. Le comencé a hablar de mis miedos, mis inseguridades y mis sueños rotos. La anciana me escuchaba con atención, sin interrumpirme ni juzgarme. Cuando terminé de hablar, me miró a los ojos y me dijo: "Las palabras tienen un poder inmenso, hijo mío. Pueden construir o destruir, sanar o herir. Elige cuidadosamente las que utilizas, porque ellas determinarán tu destino."

Sus palabras resonaron en mi interior con una fuerza inesperada. Sentí como si una luz se encendiera en mi mente, iluminando un camino que antes no podía ver.

A partir de ese día, comencé a prestar atención a las palabras que utilizaba. Me deshice de las negativas y limitantes, y las reemplacé por palabras positivas y empoderadoras. Comencé a hablarme a mí mismo con amor y respeto, y a enfocarme en mis fortalezas y en mis posibilidades. Poco a poco, mi vida comenzó a cambiar. Atraje experiencias más positivas, me relacioné con personas más amables y comencé a creer en mí mismo. Descubrí que el poder de las palabras era real, y que podía utilizarlas para transformar mi vida. Nunca olvidaré a la anciana del parque. Sus palabras fueron un regalo invaluable que cambió mi manera de ver el mundo y de relacionarme conmigo mismo.

Esta anécdota nos recuerda que las palabras tienen un poder inmenso. Podemos utilizarlas para construir o destruir, para sanar o herir. Elige cuidadosamente las palabras que utilizas, porque ellas determinarán tu destino.

Habla con amor y respeto a ti mismo y a los demás. Enfócate en lo positivo y en tus posibilidades. Utiliza las palabras como herramientas para crear una vida más plena y abundante.

Nuestras palabras no solo reflejan nuestros pensamientos, sino que también los crean.

Somos lo que decimos

Las palabras tienen poder, y tienen efectos en nuestras emociones y en la percepción que tenemos con respecto a nuestras vidas, ya que cada vez que hablamos emitimos vibraciones energéticas que influyen en nuestro entorno y en nuestra realidad consiente. Es por ello por lo que debemos ser muy cuidadosos de las palabras que utilizamos, pues tienen la capacidad de construir, derribar, sanar y herir. Por ello, es fundamental ser conscientes del lenguaje que utilizamos, especialmente cuando se trata de afirmaciones sobre nosotros mismos.

Las autoafirmaciones son declaraciones que hacemos sobre quiénes somos, qué podemos lograr y qué merecemos. Cuando repetimos estas afirmaciones con convicción, pueden influir profundamente en nuestras creencias y comportamientos. Las palabras que utilizas sobre ti mismo tienen un poder inmenso. Elige cuidadosamente las tuyas y construye un diálogo interno que te impulse hacia el éxito y la felicidad. Tu lenguaje es el reflejo de tu ser. Hazlo un reflejo de la grandeza que reside en ti.

En cada conversación, en cada pensamiento verbalizado, las palabras actúan como puentes entre nuestra mente y el mundo exterior. Dicen que el lenguaje es el reflejo del alma, y tal vez por eso, lo que decimos y cómo lo decimos tiene un impacto tan profundo en nuestra vida y en la de los demás. Recordemos un momento de nuestras vidas en el que una palabra amable nos brindó consuelo en medio de la adversidad. Esa palabra, aunque simple, tuvo la capacidad de cambiar nuestra perspectiva y renovar nuestras esperanzas. Al mismo tiempo, una palabra hiriente puede dejar cicatrices invisibles, heridas que tardan en sanar. Por eso, es esencial ser conscientes del poder que reside en nuestro discurso.

Las palabras no solo comunican ideas, también llevan consigo emociones y energías. La ciencia ha demostrado que incluso el tono y la intención detrás de nuestras palabras pueden afectar a quienes nos rodean. En un experimento, se observó que las plantas crecen mejor cuando se les habla con cariño, mientras que las palabras negativas pueden perjudicar su desarrollo. Si esto sucede con las plantas, ¿Qué no hará con los seres humanos?

Al reflexionar sobre esto, se hace evidente la responsabilidad que tenemos al elegir nuestras palabras.

No se trata solo de evitar el daño, sino de utilizar el lenguaje como una herramienta para construir, para inspirar y para sanar. Cada palabra que pronunciamos puede ser una semilla que germine en el corazón de alguien más, floreciendo en formas que quizá nunca lleguemos a ver.

Con cada palabra, estamos creando una realidad para nosotros mismos. Nuestras palabras pueden ser herramientas de empoderamiento o de autolimitación.

Cuidado con lo que nos decimos

Es importante también considerar cómo nos hablamos a nosotros mismos. Las palabras que dirigimos hacia nuestro ser interior pueden influir en nuestra autoestima, en nuestra confianza y en nuestra capacidad de enfrentar desafíos. Un diálogo interno positivo puede ser el motor que nos impulse a alcanzar nuestras metas, mientras que la autocrítica constante puede convertirse en un obstáculo insuperable.

En la práctica del "Yo Soy", las palabras juegan un papel crucial. La próxima vez que hablemos, ya sea con otros o con nosotros mismos, tomemos un momento para considerar el peso de nuestras palabras.

Preguntémonos si lo que estamos a punto de decir es necesario, si es amable y si es verdadero. Al hacerlo, no solo mejoraremos nuestras interacciones, sino que también cultivaremos un entorno de paz y respeto. Las palabras tienen el poder de transformar. Pueden ser la chispa que encienda la llama del cambio, la mano que levanta en tiempos de caída, o el susurro que calma en momentos de tormenta. Al reconocer y honrar esta fuerza, podemos utilizar el lenguaje para crear un mundo más compasivo y consciente.

El lenguaje nos permite compartir ideas, construir relaciones y crear mundos imaginarios. Sin embargo, el poder de las palabras radica no solo en su capacidad de comunicar, sino también en su potencial para transformar nuestra propia existencia.

La afirmación "Yo Soy", aparentemente simple, encierra una fuerza transformadora. Al pronunciarla con consciencia, nos conectamos con la esencia de nuestro ser, con la totalidad del Universo que nos rodea. En ese preciso instante, nos convertimos en observadores conscientes de la realidad que se despliega ante nosotros.

Por el contrario, cuando utilizamos palabras negativas o limitantes, podemos crear barreras mentales que nos impiden alcanzar nuestro máximo potencial. El lenguaje tiene el poder de construirnos o derribarnos, de elevarnos o hundirnos.

1. Las Afirmaciones

Una de las herramientas más efectivas para aprovechar el poder del "Yo Soy, Aquí y Ahora" son las afirmaciones. Estas declaraciones sobre nosotros mismos tienen la capacidad de reprogramar nuestro subconsciente, eliminar creencias limitantes y atraer a nuestras vidas aquello que deseamos. Al pronunciar afirmaciones con las palabras "Yo Soy, Aquí y Ahora", nos conectamos con nuestro poder interior y declaramos al Universo lo que queremos ser y experimentar.

Las palabras tienen un impacto profundo en nuestro cerebro y en nuestra biología. Cuando pronunciamos palabras positivas, liberamos hormonas que nos hacen sentir mejor y aumentan nuestra vibración energética. Por el contrario, las palabras negativas generan estrés y atraen experiencias no deseadas. "Yo Soy, Aquí y Ahora" nos permite tomar control de nuestro lenguaje interno y enfocarlo hacia la creación de una realidad positiva. La connotación del "Aquí y Ahora" nos sitúa en el tiempo presente lo que le da temporalidad a nuestra realidad actual y le da fuerza a la afirmación. Al repetir afirmaciones empoderadoras, reprogramamos nuestro subconsciente.

El poder del "Yo Soy, Aquí y Ahora" va más allá de las simples afirmaciones. Nos conecta con la fuente de toda creación, la energía divina que reside en el centro de nuestro ser. Esta conexión nos permite acceder a una sabiduría infinita y a un poder ilimitado. Afirmaciones como "Yo Soy abundante, Aquí y Ahora" o "Yo Soy sanado, Aquí y Ahora" tienen un impacto doblemente efectivo y profundo en nuestro subconsciente y en la realidad que creamos a nuestro alrededor.

"Yo Soy, Aquí y Ahora" es una declaración de nuestra existencia en tiempo presente

---

Al decir "Yo Soy", estamos estableciendo una identidad, definiendo quiénes somos en ese preciso momento. Estas palabras no son meras declaraciones; son decretos que pueden transformar nuestra vida.

Es crucial entender que nuestras afirmaciones no solo afectan nuestra mente consciente, sino también nuestra mente subconsciente. La mente subconsciente no distingue entre lo real y lo imaginario; acepta como verdad todo lo que le decimos repetidamente. Por eso, si constantemente nos decimos "Yo Soy capaz", "Yo Soy fuerte", "Yo Soy suficiente", esas palabras comienzan a manifestarse en nuestra realidad. Nos empezamos a comportar de manera que respalde esas afirmaciones, y con el tiempo, estas se convierten en nuestra verdad.

Las palabras que usamos para describirnos y describir nuestras circunstancias no solo reflejan nuestra realidad, sino que también la moldean. Si nos encontramos atrapados en un ciclo de negatividad, es probable que nuestras afirmaciones internas estén contribuyendo a ello. Cambiar nuestras afirmaciones puede ser el primer paso para cambiar nuestro entorno.

Sin embargo, no basta con simplemente repetir afirmaciones positivas; es esencial creer en ellas. La autenticidad y la emoción detrás de nuestras palabras son igual de importantes. Si decimos "Yo Soy feliz" pero internamente sentimos tristeza y desesperanza, esas palabras carecerán de poder. Necesitamos alinearnos emocionalmente con nuestras afirmaciones para que estas puedan tener un verdadero impacto en nuestra vida.

Es útil también acompañar nuestras afirmaciones con acciones concretas. Por ejemplo, si afirmamos "Yo Soy saludable", deberíamos tomar decisiones que respalden esa afirmación, como comer de manera equilibrada, hacer ejercicio y cuidar de nuestro bienestar emocional. De esta manera, nuestras afirmaciones no solo se quedan en el ámbito de la intención, sino que se traducen en acciones que refuerzan y consolidan nuestra nueva realidad.

Practicar la gratitud puede complementar nuestras afirmaciones. Agradecer por lo que ya tenemos y por lo que estamos en proceso de recibir refuerza una mentalidad de abundancia. La gratitud nos ayuda a enfocarnos en lo positivo y a atraer más de eso a nuestras vidas.

Cuando decimos "Yo Soy bendecido", por ejemplo, estamos reconociendo y valorando lo bueno que ya existe, lo cual abre la puerta a más bendiciones.

La mente subconsciente no distingue entre lo real y lo imaginario; acepta como verdad todo lo que le decimos repetidamente.

El Poder de las Afirmaciones

Siempre he sido una persona curiosa e introspectiva, buscando respuestas a las grandes preguntas de la existencia. Mi camino me llevó a explorar diferentes filosofías y prácticas espirituales, y fue en ese viaje que descubrí el poder transformador de las afirmaciones.

Al principio, las afirmaciones me parecían simples frases repetitivas, casi como un juego mental. Sin embargo, con el tiempo, comencé a percibir un cambio sutil en mi interior. Las palabras que repetía con constancia comenzaron a grabarse en mi mente subconsciente, moldeando mi forma de pensar y de sentir.

Recuerdo un momento en particular, cuando me encontraba luchando contra algunos problemas y situaciones fuertes. Mis pensamientos negativos me saboteaban constantemente, impidiéndome alcanzar mis metas y sueños. Fue entonces cuando decidí utilizar las afirmaciones para combatir estos pensamientos limitantes.

Comencé repitiendo frases como "Soy valioso", "Soy capaz", "Merezco ser feliz" y "Soy digno de amor".

Al principio, las palabras parecían vacías, un eco en el vacío de mi mente. Sin embargo, con persistencia y fe, comencé a sentir un cambio sutil. Las afirmaciones se convirtieron en un mantra que repetía constantemente, no solo con mi voz, sino también con mis pensamientos y emociones. Poco a poco, la oscuridad comenzó a disiparse, dando paso a una luz tenue pero creciente.

Los problemas no desaparecieron por completo, pero ya no tenían el poder de controlarme. Aprendí a observar mis pensamientos negativos sin juzgarlos, y a reemplazarlos por las afirmaciones positivas que había sembrado en mi mente.

Con el tiempo, el efecto transformador de las afirmaciones se manifestó en todos los aspectos de mi vida. Atraje experiencias más positivas, me relacioné con personas más amables y comencé a creer en mi propio potencial. Las afirmaciones me enseñaron que no somos víctimas de nuestras circunstancias, sino creadores de nuestra propia realidad. Al tomar control de nuestros pensamientos y palabras, podemos transformar nuestras vidas y manifestar nuestros sueños más profundos. Mi experiencia con las afirmaciones me ha confirmado el poder inmenso de la mente y el espíritu. Nos convertimos en aquello en lo que creemos, y las palabras que elegimos tienen el poder de crear o destruir.

Recuerda:

- Las afirmaciones son herramientas poderosas para transformar tu mente, tus emociones y tu realidad.
- Elige palabras positivas y empoderadoras que resuenen con tu verdad interior.
- Repite las afirmaciones con constancia y fe, y observa cómo tu vida comienza a cambiar.
- El poder de las afirmaciones reside en tu creencia y en tu compromiso contigo mismo.
- Eres un ser de luz y amor, con el potencial de crear una vida extraordinaria.

El poder de las afirmaciones reside en nuestra capacidad para usarlas de manera consciente y deliberada. Al ser conscientes de nuestras palabras y pensamientos, podemos empezar a redirigir nuestra energía hacia lo que realmente deseamos manifestar en nuestra vida. Nuestras afirmaciones son como semillas que plantamos en el jardín de nuestra mente; con el cuidado adecuado, pueden crecer y florecer, transformando nuestra realidad de maneras profundas y significativas.

El Poder de la Manifestación

Personalmente he podido experimentar el poder de las afirmaciones no solo en el plano físico, sino también en el espiritual. He utilizado las afirmaciones para conectar con mi intuición, para sanar mi energía y para manifestar mis deseos más profundos. He aprendido que las afirmaciones son un puente entre el mundo físico y el espiritual. Al pronunciar palabras positivas con fe y convicción, podemos crear un campo de energía vibrante que atrae a nosotros aquello que deseamos.

Este poder de manifestación no se limita a los aspectos materiales de la vida, sino que también se extiende a la sanación emocional, mental y espiritual. Las afirmaciones pueden ayudarnos a liberar patrones negativos, a cultivar la paz interior y a conectar con nuestro propósito más elevado.

En mi camino espiritual, las afirmaciones se han convertido en una herramienta invaluable para mi crecimiento y transformación. Me han permitido manifestar mis sueños, sanar mis heridas y conectar con mi verdadero yo.

Si estás buscando transformar tu vida, te invito a descubrir el poder de las afirmaciones. Abre tu corazón a la posibilidad de crear una realidad extraordinaria, llena de paz, amor y abundancia.

Las palabras que usamos no solo afectan nuestra mente, sino también nuestra energía y vibración.

---

2. Palabras que Transforman

Cada término, cada frase, actúa como un faro que guía nuestras acciones y pensamientos. Es fascinante cómo un simple "Yo Soy" puede transformar nuestra percepción de la realidad y, a su vez, nuestra realidad misma. Este poderoso pronombre es más que una declaración; es una afirmación de nuestra identidad y propósito en este preciso momento.

Las palabras conjuntadas "Yo Soy, Aquí y Ahora" nos invitan a reflexionar sobre quiénes somos en el presente, dejando atrás las sombras del pasado y las incertidumbres del futuro. Nos anclan en el "Aquí y el Ahora", recordándonos que cada instante es una oportunidad para redefinirnos. Es crucial entender que lo que sigue a estas palabras tiene el poder de moldear nuestra experiencia. "Yo Soy capaz", "Yo Soy suficiente", "Yo Soy amor" son declaraciones que pueden elevar nuestro espíritu y cambiar nuestra perspectiva.

Al afirmar "Yo Soy" con convicción, emitimos una frecuencia que resuena con el Universo, atrayendo situaciones y personas que se alinean con esa afirmación. Es un recordatorio constante de que somos co-creadores de nuestra realidad, y que nuestras palabras son herramientas poderosas en ese proceso de creación.

Sin embargo, no todas las afirmaciones que seguimos a "Yo Soy" son positivas. A menudo, sin darnos cuenta, nos encontramos diciendo "Yo Soy insuficiente", "Yo Soy incapaz", "Yo Soy un fracaso". Estas declaraciones limitantes pueden tener un impacto profundo en nuestra autoestima y en la forma en que enfrentamos los desafíos de la vida. Es fundamental ser conscientes de las palabras que elegimos y cómo estas pueden influir en nuestro bienestar emocional y mental.

La práctica de la autoafirmación positiva es una herramienta valiosa para contrarrestar estos patrones negativos. Al repetir conscientemente frases que refuercen nuestra valía y potencial, podemos reprogramar nuestra mente para aceptar y creer en nuestra capacidad innata. Este proceso no es instantáneo, pero con persistencia y dedicación, podemos transformar nuestras creencias limitantes en afirmaciones de empoderamiento.

Además, es importante rodearnos de personas y entornos que refuercen nuestras afirmaciones positivas. La energía de los demás puede influir en nuestra propia vibración, y al rodearnos de individuos que creen en nosotros y nos apoyan, fortalecemos nuestras propias creencias. Las palabras de aliento y apoyo de quienes nos rodean actúan como un reflejo de nuestras propias afirmaciones, creando un ciclo de positividad y crecimiento.

En este camino de autodescubrimiento y transformación, las palabras "Yo Soy, Aquí y Ahora" son nuestras aliadas más poderosas. Nos invitan a ser conscientes de nuestro lenguaje interno y a elegir con sabiduría las afirmaciones que nos definirán. Cada día es una nueva oportunidad para declarar quiénes somos y quiénes queremos ser, utilizando el poder de nuestras palabras para crear una realidad que refleje nuestras aspiraciones más profundas.

Al abrazar el poder de "Yo Soy, Aquí y Ahora", nos conectamos con nuestra esencia más auténtica y nos permitimos vivir en armonía con el presente.

Reprogramación Mental

La mente es un laberinto de pensamientos, creencias y patrones que nos definen. Al observar con detenimiento, se puede notar que muchas de nuestras acciones y decisiones están moldeadas por estas estructuras mentales. Sin embargo, ¿Qué sucede cuando nos damos cuenta de que algunos de estos patrones no nos sirven, que en lugar de impulsarnos, nos limitan? Es en este momento de revelación donde se abre la puerta a la reprogramación mental. Cambiar la forma en que pensamos no es una tarea sencilla, pero es posible y tremendamente liberador. Al igual que un jardinero que arranca las malas hierbas para permitir que las flores crezcan, nosotros también podemos deshacernos de los pensamientos negativos y limitantes para dar lugar a una mentalidad más positiva y expansiva.

La primera etapa de este proceso es la toma de conciencia. Es fundamental reconocer qué pensamientos y creencias están presentes en nuestra mente. A menudo, estos patrones han sido inculcados desde la infancia, reforzados por la sociedad y nuestras experiencias personales. Identificarlos requiere una profunda introspección y honestidad con uno mismo.

Una vez que hemos identificado estas creencias limitantes, el siguiente paso es cuestionarlas. ¿Son realmente ciertas? ¿Nos benefician de alguna manera? ¿O simplemente nos mantienen atrapados en un ciclo de negatividad y autolimitación? Al desafiar estas creencias, comenzamos a debilitarlas y a abrirnos a nuevas posibilidades.

La visualización es una herramienta poderosa en este proceso de reprogramación. Al imaginar escenarios positivos y exitosos, estamos entrenando a nuestra mente para pensar de manera diferente. No se trata de negar la realidad, sino de crear una nueva realidad mental que eventualmente se reflejará en nuestra vida diaria. Al practicar la visualización de manera constante, estos nuevos patrones de pensamiento se vuelven más naturales y automáticos.

Además de la visualización, las afirmaciones positivas juegan un papel crucial. Repetir frases afirmativas como "Soy capaz", "Merezco lo mejor" o "Estoy en control de mi vida" puede parecer simple, pero tiene un impacto profundo en nuestra mente subconsciente. Con el tiempo, estas afirmaciones reemplazan las creencias negativas y refuerzan una mentalidad más saludable y productiva.

Al entrenar la mente para estar presente y consciente, reducimos el ruido mental y ganamos claridad. Esta claridad nos permite observar nuestros pensamientos sin juicio y elegir conscientemente cuáles queremos mantener y cuáles desechar. La reprogramación mental no es un evento único, sino un proceso continuo. Requiere paciencia, dedicación y práctica constante. Sin embargo, los beneficios son inmensos. Al transformar nuestra mente, transformamos nuestra vida. Nos volvemos más resilientes, más optimistas y más capaces de enfrentar los desafíos con una actitud positiva.

Cada paso que damos en este camino es un acto de amor propio y crecimiento personal. Al liberar nuestra mente de las limitaciones autoimpuestas, nos abrimos a un mundo de posibilidades infinitas. Y es en este estado de apertura y libertad donde verdaderamente podemos decir: "Yo Soy, Aquí y Ahora".

Creencias y realidad

Es fascinante observar cómo nuestras creencias pueden ser tanto liberadoras como limitantes. Una creencia firme en nuestras capacidades puede impulsarnos a alcanzar metas que parecían inalcanzables, mientras que una duda persistente puede sabotear nuestros esfuerzos antes de que siquiera comencemos. Es en este delicado equilibrio donde radica la importancia de cuestionar y reevaluar constantemente nuestras creencias.

La realidad que experimentamos es, en gran medida, una manifestación de nuestras creencias. Si creemos que el mundo es un lugar hostil y peligroso, es probable que encontremos pruebas de ello en cada esquina. Por el contrario, si creemos que el mundo está lleno de oportunidades y bondad, nuestra experiencia reflejará esa perspectiva. Este fenómeno no es simplemente una cuestión de pensamiento positivo o negativo, sino una profunda conexión entre nuestra mente y la realidad que co-creamos.

Reconocer el poder de nuestras creencias nos otorga una responsabilidad significativa. Nos invita a ser conscientes de los pensamientos que permitimos florecer en nuestra mente y a ser vigilantes en la elección de nuestras creencias. Este proceso no es sencillo, ya que implica confrontar aspectos de nosotros mismos que tal vez preferiríamos evitar.

Sin embargo, al abordar este desafío, encontramos la oportunidad de transformar nuestra realidad de maneras que antes parecían imposibles. Al liberar creencias limitantes y adoptar nuevas perspectivas, podemos abrirnos a un mundo de posibilidades infinitas. Esta transformación no ocurre de la noche a la mañana, sino que es un viaje continuo de autodescubrimiento y crecimiento.

Es esencial recordar que nuestras creencias no son estáticas; pueden evolucionar y cambiar a medida que nosotros lo hacemos. Al mantener una mente abierta y flexible, permitimos que nuestras creencias se adapten y se alineen con nuestra evolución personal. De esta manera, nuestra realidad también se transforma, reflejando nuestro crecimiento y nuestra expansión.

La relación entre creencias y realidad es un tema complejo y profundo, que invita a la reflexión y al cuestionamiento constante. Al explorar esta relación, podemos encontrar una mayor comprensión de nosotros mismos y del mundo que nos rodea. En última instancia, esta comprensión nos permite vivir de manera más consciente y auténtica, creando una realidad que verdaderamente refleje quiénes somos en el "Aquí y el Ahora".

Las ideas que albergamos en nuestra mente tienen el poder de manifestarse en nuestra vida.

---

3. El Poder de la Repetición

La repetición es una fuerza silenciosa que moldea nuestras vidas, nuestros hábitos y nuestra identidad. Cuando repetimos una acción, un pensamiento o una emoción, estamos reforzando una conexión neuronal en nuestro cerebro. Cada repetición fortalece esa conexión, haciendo que la acción, pensamiento o emoción se vuelva más automática y natural con el tiempo.

Imaginemos por un momento que estamos aprendiendo a tocar un instrumento musical. Al principio, nuestras manos se sienten torpes, los movimientos son lentos y los sonidos que producimos pueden no ser agradables. Sin embargo, con la práctica constante y repetida, nuestras manos comienzan a moverse con más fluidez, los movimientos se vuelven más precisos y la música que producimos se vuelve más armoniosa. Este proceso no es diferente en otras áreas de nuestra vida. Lo que repetimos se convierte en una segunda naturaleza para nosotros.

No se trata solo de acciones físicas. Los pensamientos y emociones también siguen este patrón. Si constantemente nos decimos a nosotros mismos que no somos lo suficientemente buenos, que no podemos lograr nuestras metas, estamos reforzando esas creencias negativas. Cada vez que repetimos esos pensamientos, estamos fortaleciendo esas conexiones neuronales, haciéndolas más dominantes en nuestra mente. Por otro lado, si elegimos repetir afirmaciones positivas, si nos recordamos a nosotros mismos nuestras fortalezas y capacidades, estamos creando y fortaleciendo conexiones neuronales que nos apoyan y nos empoderan.

La repetición también tiene un efecto acumulativo. Una pequeña acción repetida diariamente puede tener un impacto significativo a lo largo del tiempo. Es como una gota de agua que cae sobre una roca. Al principio, parece insignificante, pero con el tiempo, esa gota puede crear una marca profunda en la roca. De la misma manera, nuestras pequeñas acciones diarias, cuando se repiten consistentemente, pueden llevar a grandes transformaciones en nuestras vidas. Es importante ser conscientes de lo que estamos repitiendo. Preguntémonos: ¿Qué pensamientos estoy repitiendo en mi mente? ¿Qué hábitos estoy cultivando con mis acciones diarias? ¿Son estos pensamientos y acciones alineados con la persona que quiero ser y la vida que quiero vivir? Si la respuesta es no, entonces es momento de hacer un cambio consciente.

Podemos comenzar a introducir nuevas repeticiones en nuestra vida, repeticiones que nos lleven hacia nuestros objetivos y aspiraciones. Esto puede ser tan simple como establecer una rutina diaria de meditación, o repetir afirmaciones positivas antes de dormir. Lo importante es la consistencia. Al igual que una planta necesita agua y luz solar diaria para crecer, nuestras nuevas repeticiones necesitan ser nutridas diariamente para que puedan florecer.

La repetición es una herramienta que está a nuestra disposición en todo momento. No requiere ningún equipo especial ni una inversión financiera. Todo lo que necesita es nuestra atención consciente y nuestra intención. Al ser conscientes y deliberados con lo que repetimos, podemos utilizar esta herramienta para moldear nuestra mente, nuestras emociones y nuestras vidas en formas que nos apoyen y nos empoderen.

Crear con Intención

Cada uno de nosotros posee la capacidad innata de moldear y dar forma a nuestra realidad. La creación consciente se convierte en una poderosa herramienta cuando entendemos que nuestras intenciones son las semillas que plantamos en el fértil suelo del Universo. Cada pensamiento, cada deseo y cada acción que emprendemos tienen el potencial de manifestarse en la realidad física, siempre y cuando estén alineados con nuestras verdaderas aspiraciones y valores.

La intención actúa como una brújula interna, guiándonos hacia aquello que realmente deseamos. No se trata simplemente de tener metas claras, sino de imbuir cada una de ellas con un propósito profundo y auténtico. Es crucial preguntarnos: ¿Por qué quiero esto? ¿Qué significado tiene para mí? Al hacerlo, no solo clarificamos nuestras aspiraciones, sino que también nos aseguramos de que están en armonía con nuestro ser más profundo. La práctica de la creación con intención requiere un estado de presencia plena. Vivir en el "Aquí y Ahora" nos permite conectarnos con nuestra verdadera esencia y, desde ese lugar de autenticidad, emitir intenciones claras y poderosas. Cuando estamos plenamente presentes, nuestras acciones y decisiones se vuelven más conscientes y deliberadas, permitiéndonos avanzar con confianza y determinación hacia nuestros objetivos.

Es esencial recordar que la creación con intención no es un acto aislado, sino un proceso continuo. Cada día, cada momento, es una oportunidad para reafirmar nuestras intenciones y ajustarlas según sea necesario. La vida es dinámica y cambiante, y nuestras intenciones deben ser lo suficientemente flexibles para adaptarse a las circunstancias sin perder su esencia.

La visualización es una herramienta poderosa en este proceso. Al imaginar vívidamente nuestras metas y deseos como si ya estuvieran cumplidos, estamos enviando una señal clara al Universo sobre lo que queremos manifestar. Esta práctica no solo fortalece nuestra convicción, sino que también nos ayuda a identificar y superar posibles obstáculos internos que puedan estar bloqueando nuestro camino. Agradecer no solo por lo que ya tenemos, sino también por lo que estamos en proceso de crear, genera una vibración positiva que atrae más de lo mismo. La gratitud actúa como un imán, alineando nuestras intenciones con la abundancia del Universo y facilitando su manifestación.

La acción inspirada es otro componente crucial. No basta con tener intenciones claras y visualizaciones poderosas; debemos estar dispuestos a tomar medidas concretas hacia nuestras metas. La acción, cuando surge de un lugar de alineación y autenticidad, se convierte en un puente entre lo que deseamos y su realización en el mundo físico.

Es fundamental también rodearnos de un entorno que apoye nuestras intenciones. Las personas, los lugares y las experiencias que elegimos pueden influir significativamente en nuestra capacidad para crear con intención. Buscar comunidades y espacios que resuenen con nuestros valores y aspiraciones nos proporciona el apoyo y la inspiración necesarios para mantenernos en el camino. Crear con intención es un acto de amor propio y confianza en el Universo. Es reconocer que somos cocreadores de nuestra realidad y que, al alinear nuestras intenciones con nuestra verdadera esencia, podemos manifestar una vida plena y significativa. Es un viaje de autodescubrimiento y crecimiento continuo, donde cada paso nos acerca más a la realización de nuestro potencial más elevado.

4. Manifestaciones Cotidianas

La vida cotidiana está llena de momentos que, a primera vista, pueden parecer triviales, pero que en realidad están repletos de significado y enseñanzas. Cada día, desde el instante en que abrimos los ojos hasta el momento en que nos entregamos al sueño, somos testigos y protagonistas de una serie de manifestaciones que reflejan nuestra esencia y nuestro estado de conciencia.

El simple acto de prepararnos un café por la mañana puede convertirse en una meditación en movimiento. Al moler los granos, sentimos su textura y su aroma invade el espacio, conectándonos con la tierra que los produjo. Al hervir el agua y ver cómo el vapor se eleva, podemos reflexionar sobre la transformación y la impermanencia. Estos pequeños rituales nos invitan a estar presentes, a vivir cada instante con plena conciencia.

En nuestras interacciones con los demás, también encontramos oportunidades para observar y aprender. Un saludo amable en el ascensor, una conversación con un colega, o una sonrisa compartida con un desconocido, son manifestaciones de nuestra capacidad de conectarnos y de transmitir energía positiva. Cada encuentro es una oportunidad para practicar la empatía, la compasión y la escucha activa.

El tráfico en la ciudad, a menudo fuente de estrés y frustración, puede ser visto desde otra perspectiva. Al estar atrapados en un embotellamiento, podemos aprovechar para practicar la paciencia y la aceptación. En lugar de dejarnos llevar por la impaciencia, podemos observar nuestras reacciones, respirar profundamente y recordar que todo es transitorio. Estos momentos nos enseñan a soltar el control y a fluir con las circunstancias.

Las tareas domésticas, como lavar los platos o barrer el suelo, también pueden ser transformadas en prácticas conscientes. Al realizar estas actividades con atención plena, nos conectamos con el presente y encontramos belleza en lo cotidiano. Cada movimiento, cada detalle, nos recuerda la importancia de cuidar nuestro entorno y de agradecer por lo que tenemos. Incluso los desafíos y las dificultades que enfrentamos a diario son manifestaciones que nos ofrecen valiosas lecciones. Un malentendido con un ser querido, un problema en el trabajo, o una enfermedad, pueden ser vistos como oportunidades para crecer y fortalecernos.

Al enfrentar estas situaciones con una actitud abierta y receptiva, aprendemos a ser resilientes y a encontrar el equilibrio en medio de la adversidad.

La naturaleza, con su constante cambio y renovación, nos ofrece innumerables manifestaciones de sabiduría. Un paseo por el parque, observar el vuelo de los pájaros, o sentir la brisa en el rostro, nos conecta con el ciclo de la vida y nos recuerda nuestra interdependencia con el mundo que nos rodea. Estos momentos de conexión nos invitan a apreciar la simplicidad y a encontrar paz en lo natural.

Cada día, en cada acción y en cada pensamiento, estamos manifestando nuestra realidad. Al ser conscientes de esto, podemos elegir vivir de manera más auténtica y alineada con nuestros valores y propósitos. La verdadera transformación no ocurre en los grandes eventos, sino en los pequeños detalles de la vida diaria. Al prestar atención a estas manifestaciones cotidianas, descubrimos que el "Aquí y el Ahora" es el escenario perfecto para experimentar la plenitud y el bienestar.

4 El Universo nos escucha

"El Universo te escucha. Abre tu corazón, silencia tu mente y deja que la sabiduría universal te guíe hacia tu máximo potencial y te conecte con la esencia de la vida."

- Shirley MacLaine

No estamos separados del Universo, somos parte de él, y todo lo que pensamos y sentimos tiene un impacto en el campo energético universal

Intuición

Un día, mientras caminaba por la calle, sentí una atracción inexplicable. Me detuve y presté atención a mi intuición, que me guiaba hacia una pequeña tienda de antigüedades. Al entrar, sentí una energía densa y melancólica que emanaba de un objeto en particular: un viejo espejo con el marco dorado desgastado. Me acerqué al espejo con cautela y, al mirarme en él, tuve una visión fugaz de una mujer joven llorando. La imagen era tan vívida que sentí como si estuviera viviendo su dolor. Inmediatamente supe que el espejo guardaba una historia triste, y que de alguna manera yo podía ayudar a liberarla.

Compré el espejo y lo llevé a mi casa. Lo coloqué en mi habitación y me senté frente a él, en silencio y meditación. Poco a poco, la imagen de la mujer comenzó a desvanecerse, y en su lugar sentí una sensación de paz y serenidad. En ese momento, supe que había ayudado a liberar el espíritu de la mujer que estaba atrapado en el espejo. La energía densa y melancólica se había disipado, y en su lugar reinaba una atmósfera de calma y armonía.

Esta experiencia me confirmó que el Universo nos habla de muchas maneras, no solo a través de palabras, sino también a través de la energía, las emociones y las intuiciones. Es importante prestar atención a estas señales sutiles, ya que pueden guiarnos hacia un entendimiento más profundo de nosotros mismos y del mundo que nos rodea. El Universo siempre está ahí para nosotros, susurrándonos palabras de sabiduría y amor si estamos dispuestos a escuchar.

Particularmente siempre he tenido la percepción de que soy parte de algo mucho más grande que yo mismo, de una fuerza omnipresente que nos rodea a todos. El Universo no solo nos observa, sino que también nos escucha. No se trata de una voz audible o de una presencia física, sino de una sutil vibración, una resonancia que conecta nuestros pensamientos, emociones y acciones con la Energía Universal.

El Universo, en su infinita sabiduría, nos escucha para guiarnos, para apoyarnos y para ayudarnos a alcanzar nuestro máximo potencial. A veces, esta guía se manifiesta de forma sutil, a través de intuiciones, sueños o sincronías. Otras veces, es más clara, a través de señales o eventos que nos llaman la atención.

Lo importante es estar abiertos a escuchar, a prestar atención a los mensajes que nos envía. Para ello, es necesario cultivar la quietud interior, la meditación y la introspección. Solo cuando estamos en paz con nosotros mismos y con el mundo que nos rodea podemos realmente escuchar su voz. Una vez que abrimos nuestros oídos a la sabiduría universal, podemos comenzar a transformar nuestras vidas.

El Universo nos invita a vivir en armonía con los demás y con nosotros mismos. Nos anima a seguir nuestros sueños, a perseguir nuestras pasiones y a utilizar nuestros talentos para hacer del mundo un lugar mejor. El Universo nos escucha, y lo que hagamos con sus mensajes determinará nuestro destino.

¿Estamos dispuestos a escuchar? ¿Estamos dispuestos a seguir la guía que nos ofrece? La decisión es nuestra.

Yo, por mi parte, he decidido escuchar. He decidido abrir mi corazón y mi mente a la sabiduría universal, y he comenzado a vivir una vida más consciente, más plena y más alineada con mi propósito. Y puedo decirte que ha sido la mejor decisión que he tomado en mi vida.

Te invito a que tú también lo intentes. Abre tus oídos al Universo y descubre la magia que te espera.

1. Resonancia Universal

La vida nos presenta continuamente con momentos que parecen interconectados de maneras que a veces no comprendemos del todo. En el ajetreo diario, es fácil perder de vista las señales sutiles que nos rodean, aquellas que nos invitan a detenernos y reflexionar sobre nuestra verdadera esencia. La resonancia universal se manifiesta cuando logramos sintonizarnos con estas señales, permitiéndonos experimentar una conexión más profunda con el Universo y con nosotros mismos.

Al observar los procesos naturales, podemos ver ejemplos claros de esta resonancia. Las olas del mar que se suceden con un ritmo constante, los ciclos de las estaciones que se repiten año tras año, y el modo en que los pájaros migran siguiendo rutas trazadas por generaciones anteriores. Todo parece seguir un patrón, una armonía que no es producto del azar, sino de una sincronización intrínseca que lo abarca todo. Esta sincronización también está presente en nuestras vidas, aunque a menudo pase desapercibida. En momentos de silencio y contemplación, podemos empezar a percibir cómo nuestras acciones, pensamientos y emociones vibran en sintonía con el entorno.

Es en estos instantes cuando sentimos una paz interior que nos indica que estamos en el lugar correcto, haciendo lo correcto. La resonancia universal no es algo que podamos forzar; es un estado de ser que se manifiesta cuando nos alineamos con nuestra verdadera naturaleza y propósito.

La resonancia no solo se percibe en los momentos de reflexión, sino también en nuestras interacciones con los demás. Cuando nos encontramos con personas con las que sentimos una conexión instantánea, es como si nuestras almas reconocieran una frecuencia común. Estas relaciones suelen ser enriquecedoras y significativas, ya que nos permiten crecer y aprender en armonía con el otro.

Sin embargo, no siempre somos conscientes de esta resonancia. La vida moderna nos empuja a un ritmo frenético, lleno de distracciones que nos desconectan de nuestro centro. Para reconectar con la resonancia universal, es esencial cultivar la presencia y la atención plena. Al hacerlo, podemos empezar a notar las señales que el Universo nos envía, guiándonos hacia nuestro verdadero camino.

Además, es importante recordar que la resonancia universal no es un estado permanente. Habrá momentos en los que nos sentiremos desconectados o fuera de sintonía, y eso también está bien. Estos periodos nos ofrecen la oportunidad de recalibrar y ajustar nuestro curso. La clave está en mantenernos abiertos y receptivos, confiando en que el Universo siempre nos está guiando hacia nuestro mayor bien.

En esencia, la resonancia universal es una danza constante entre nuestro ser interior y el vasto cosmos. Al aprender a escuchar y responder a esta música sutil, descubrimos una vida más rica y plena, en armonía con todo lo que nos rodea.

La resonancia universal no es algo que podamos forzar; es un estado de ser que se manifiesta cuando nos alineamos con nuestra verdadera naturaleza y propósito.

La resonancia no solo se percibe en los momentos de meditación, sino también en nuestras interacciones con los demás. Cuando nos encontramos con personas con las que sentimos una conexión instantánea, es como si nuestras almas reconocieran una frecuencia común. Estas relaciones suelen ser enriquecedoras y significativas, ya que nos permiten crecer y aprender en armonía con el otro. El Universo es una manifestación de una conciencia superior. Al conectar con esta conciencia, podemos acceder a una sabiduría infinita.

La Energía universal

Desde la inmensidad del cosmos hasta la profundidad de cada ser vivo, existe una vibración constante, una danza de energía que nos conecta a todos como parte de un mismo tejido universal. En el corazón de esta danza reside el principio fundamental de la existencia: "Yo Soy, Aquí y Ahora".

Esta afirmación encierra un poder transformador. Al pronunciarla con consciencia, nos conectamos con la esencia de nuestro ser, con la totalidad del Universo que nos rodea. En ese preciso instante, nos convertimos en observadores conscientes de la realidad que se despliega ante nosotros.

El Universo, en su infinita sabiduría, no solo nos observa, sino que también nos escucha. Cada pensamiento, cada emoción, cada acción resuena en la sinfonía cósmica, enviando ondas de energía que moldean nuestro destino.

Para sintonizarnos con esta escucha universal, debemos silenciar el ruido mental que nos distrae del presente. Al aquietarnos, nos convertimos en un canal receptivo para la sabiduría infinita que nos rodea. Comenzamos a percibir señales, intuiciones y sincronías que nos guían hacia nuestro camino más elevado.

El Universo no nos juzga ni nos impone reglas. Nos ofrece un espacio de libertad para crear, para aprender y para evolucionar. La clave reside en escuchar su guía con atención y actuar en consonancia con nuestro propósito más auténtico.

En el "Yo Soy, Aquí y Ahora", nos encontramos en un estado de plena presencia, libres de las ataduras del pasado y las preocupaciones del futuro. Somos conscientes de nuestro poder creador y de la responsabilidad que conlleva utilizar este poder para el bien. El Universo nos invita a vivir en armonía con todo lo que existe. Nos anima a amar incondicionalmente, a actuar con compasión y a perseguir nuestros sueños con determinación. Al escuchar su llamado, nos convertimos en instrumentos de transformación, contribuyendo a crear un mundo más justo, compasivo y sostenible.

Somos parte de un todo conectado, y lo que le hacemos a uno, lo hacemos a todos

---

2. Sincronías y Señales

Todos nos hemos encontrado con momentos que parecen estar llenos de coincidencias significativas. Estas experiencias, que algunos llaman sincronías, son instantes en los que el Universo parece alinearse de una manera misteriosa y reveladora. A través de estas señales, se nos invita a prestar atención a los detalles y a reconocer que hay fuerzas más grandes en juego, guiándonos y ofreciéndonos mensajes importantes.

Al reflexionar sobre estas sincronías, nos damos cuenta de que no son meras casualidades. Son destellos de conexión entre nuestro mundo interior y el exterior, una especie de diálogo silencioso entre nuestra alma y el Universo. Estos eventos pueden manifestarse de muchas formas: un encuentro fortuito con una persona que necesitábamos conocer, una frase en un libro que resuena profundamente con nuestras circunstancias actuales, o incluso la aparición repetida de un número o símbolo que parece seguirnos a donde vayamos.

Algunos podrían argumentar que estas experiencias son simplemente el resultado de nuestra mente buscando patrones en el caos. Sin embargo, cuando se observan con una mente abierta y un corazón dispuesto, revelan una profundidad y un significado que trascienden la mera coincidencia. Nos invitan a cuestionar nuestras creencias sobre la realidad y a considerar la posibilidad de que hay una inteligencia subyacente que organiza estos eventos para nuestro crecimiento y evolución.

Hay una belleza en reconocer y aceptar estas señales. Nos recuerdan que no estamos solos en nuestro camino y que hay una red invisible de apoyo que nos sostiene. Al estar atentos a estas sincronías, podemos encontrar guía y consuelo, especialmente en momentos de incertidumbre o desafío. Nos ofrecen una sensación de propósito y dirección, un recordatorio de que estamos en el lugar correcto en el momento correcto.

A lo largo de mi vida, he experimentado muchas de estas señales. Recuerdo una vez, cuando estaba en una encrucijada importante, me encontré con un viejo amigo que no había visto en años. Nuestra conversación me ofreció la claridad que necesitaba para tomar una decisión crucial. En otro momento, un libro que casualmente encontré en una librería contenía exactamente las palabras que necesitaba leer en ese instante. Estos eventos, aunque aparentemente triviales, tuvieron un impacto profundo en mi camino y en mi comprensión de mí mismo.

Para poder percibir estas señales, es esencial cultivar una actitud de presencia y atención. Vivir en el "Aquí y Ahora" nos permite estar más receptivos a los mensajes que el Universo nos envía. Al hacerlo, abrimos un canal de comunicación con lo divino, permitiendo que las sincronías se conviertan en una brújula que nos guíe.

Las sincronías y señales son recordatorios de la interconexión de todas las cosas. Nos invitan a confiar en el flujo de la vida y a reconocer que cada momento, cada encuentro y cada experiencia tiene un significado y un propósito. Al conectar con el "Yo Soy, Aquí y Ahora", abrimos un canal de comunicación con la sabiduría universal. La quietud interior nos permite escuchar la voz del Universo, que nos habla a través de las sincronías y nos guía hacia nuestro verdadero propósito.

Es importante recordar que las sincronías no son una garantía de éxito o felicidad. Son más bien indicadores que nos señalan el camino, invitándonos a tomar decisiones conscientes y a actuar en alineación con nuestro yo auténtico.

En el "Yo Soy, Aquí y Ahora", nos encontramos en un estado de receptividad, listos para recibir los mensajes que el Universo envía y convertirlos en acciones significativas.

Las sincronías nos inspiran a explorar nuevas posibilidades, a desafiar nuestras limitaciones y a perseguir nuestros sueños con mayor determinación.

A medida que aprendemos a interpretar las señales del Universo, nuestra vida se transforma en una danza armoniosa con la energía cósmica. Abre tu corazón, silencia tu mente y escucha con atención. Deja que las señales te guíen hacia tu máximo potencial y te conecten con la esencia de la vida.

Los pensamientos son vibraciones que resuenan en el Universo, y crean un eco que retorna a nosotros.

----

3. El Lenguaje del Universo

Al contemplar el vasto Universo, no puedo evitar asombrarme ante la magnitud y la complejidad del Cosmos. Cada estrella, cada planeta, cada partícula subatómica parece estar en una danza perpetua, siguiendo reglas que, aunque a menudo escapan a nuestra comprensión inmediata, están intrínsecamente ligadas a un lenguaje universal. Este lenguaje, sin palabras ni sonidos, habla a través de patrones, frecuencias y vibraciones. Es un lenguaje que, en su esencia, es tan antiguo como el tiempo mismo.

La física cuántica, con sus principios aparentemente paradójicos, nos ofrece una ventana a este lenguaje. En su núcleo, revela que la realidad no es tan sólida como parece. Las partículas subatómicas no tienen una posición fija hasta que son observadas, lo que sugiere que la conciencia juega un papel fundamental en la formación de la realidad. Esta idea, aunque desconcertante, nos invita a reconsiderar nuestra relación con el Universo. Si nuestras percepciones y pensamientos pueden influir en la materia a nivel cuántico, entonces, ¿Qué papel jugamos en el gran esquema de las cosas?

La conexión entre el microcosmos y el macrocosmos es ineludible. Las mismas leyes que rigen el comportamiento de los átomos también guían el movimiento de las galaxias. Esta simetría, esta armonía, sugiere que hay un orden subyacente en el Universo, un diseño inteligente que trasciende la mera casualidad. Los antiguos filósofos y místicos lo entendían como una manifestación del espíritu universal, una fuerza vital que impregna todo lo que existe.

En la naturaleza, encontramos innumerables ejemplos de este lenguaje universal. Las espirales de las conchas marinas, las ramificaciones de los árboles, los patrones de los copos de nieve, todos siguen principios matemáticos precisos. La secuencia de Fibonacci, el número áureo, la geometría sagrada, todos son reflejos de este lenguaje. No es sorprendente que muchas culturas antiguas hayan venerado estas formas y patrones, viéndolos como símbolos de la conexión entre lo terrenal y lo divino.

El arte y la música también son expresiones de este lenguaje. Las notas musicales, con sus frecuencias específicas, pueden resonar con nuestras emociones y estados mentales. Los mandalas y las obras de arte sacro utilizan simetrías y proporciones que evocan un sentido de armonía y equilibrio. Estas expresiones creativas, aunque diversas en su forma, comparten una raíz común en el lenguaje del Universo.

Al tranquilizar la mente y centrarnos en el presente, podemos percibir las sutilezas de las vibraciones y frecuencias que nos rodean. Este estado de conciencia nos permite ver más allá de las apariencias superficiales y conectarnos con la esencia misma de la existencia.

La ciencia y la espiritualidad, a menudo vistas como opuestas, convergen en este punto. Ambas buscan entender el mundo y nuestro lugar en él. A través de diferentes métodos, ambas nos llevan a la misma conclusión: el Universo es un tejido interconectado de energía y conciencia. Cada uno de nosotros es una parte integral de este tejido, una expresión única del lenguaje universal. Al reconocer y sintonizarnos con este lenguaje, podemos encontrar un sentido más profundo de propósito y pertenencia, y nos damos cuenta de que no estamos separados del Universo, sino que somos una manifestación de su vasto y magnífico diseño.

Resonando en el "Yo Soy, Aquí y Ahora"

Desde los albores de la humanidad, hemos buscado descifrar el lenguaje del Universo, ese código secreto que parece regir el Cosmos y nuestra propia existencia. Poetas, filósofos y científicos han dedicado su vida a esta noble búsqueda, anhelando comprender la sinfonía de estrellas, el canto de los átomos y el murmullo de nuestras propias almas.

Sin embargo, la respuesta a este enigma no se encuentra en libros polvorientos o ecuaciones complejas, sino en la simplicidad profunda del "Yo Soy, Aquí y Ahora". En este estado de presencia absoluta, nos conectamos con la esencia del Universo, con la vibración primordial que da vida a todo lo que existe.

El lenguaje del Universo no se basa en palabras o símbolos, sino en la energía pura, en la resonancia que conecta cada partícula del Cosmos. Es un lenguaje de sensaciones, de intuiciones, de emociones que nos hablan directamente al corazón. Para comprender este lenguaje, debemos abandonar la lógica racional y abrirnos a la experiencia directa a través de la meditación como herramienta valiosa para cultivar la quietud interior y acceder a la sabiduría universal.

El lenguaje del Universo no es un código rígido e inmutable, sino un diálogo fluido y dinámico que se adapta a cada individuo y a cada momento. Es una conversación constante entre nosotros y la totalidad de la existencia. Al escuchar con atención, aprendemos a discernir entre las voces del ego y la sabiduría universal. Descubrimos que el Universo no nos juzga ni nos impone reglas, sino que nos ofrece un espacio de libertad para crear, para aprender y para evolucionar.

En el "Yo Soy, Aquí y Ahora", nos encontramos en un estado de plena consciencia. Somos conscientes de nuestro poder creador y de la responsabilidad que conlleva utilizar este poder para el bien. El Universo nos invita a vivir en armonía con todo lo que existe. Nos anima a amar incondicionalmente, a actuar con compasión y a perseguir nuestros sueños con determinación. Que la sabiduría universal te guíe hacia tu máximo potencial y te conecte con la esencia de la vida.

4.Comunicación Espiritual

Reitero, es a través de la meditación y la reflexión que podemos acceder a un espacio interior donde las distracciones del mundo exterior se disipan. Es en este santuario personal donde es posible escuchar la voz interna que a menudo se encuentra silenciada por el ruido cotidiano. Esta voz, serena y sabia, nos guía hacia una comprensión más plena de nuestra existencia y propósito.

El silencio se convierte en un aliado invaluable. En la quietud, descubrimos que la verdadera comunicación no siempre requiere palabras. Los sentimientos, las intuiciones y las revelaciones emergen sin la necesidad de una expresión verbal. Permitimos que nuestras emociones fluyan libremente, reconociendo y aceptando cada una de ellas como parte integral de nuestro ser.

Al conectar con el entorno natural, nos sintonizamos con los ritmos del Universo. Los árboles, el viento, el agua, el fuego y la tierra nos hablan en un lenguaje que trasciende las palabras, recordándonos nuestra interconexión con todo lo que nos rodea. En estos momentos, experimentamos una sensación de unidad que nos llena de serenidad y gratitud.

El diálogo con nuestro Ser Superior o nuestro Guía Espiritual es una experiencia profundamente enriquecedora. A través de la oración, o simplemente la contemplación, establecemos una conexión con una sabiduría superior que nos ofrece orientación y apoyo. Este intercambio nos proporciona claridad y fortaleza, ayudándonos a navegar los desafíos de la vida con confianza y esperanza.

Es esencial recordar que cada individuo tiene su propio camino y ritmo en esta búsqueda espiritual. No hay una fórmula única o correcta. La autenticidad y la honestidad con uno mismo son claves para una comunicación espiritual genuina y significativa.

La comunicación espiritual nos invita a explorar las profundidades de nuestro ser y a abrazar la totalidad de nuestra experiencia humana. Nos recuerda que, en el "Aquí y Ahora", tenemos la capacidad de conectarnos con una sabiduría infinita que reside dentro de nosotros y en el Universo. Al hacerlo, descubrimos una fuente inagotable de paz, amor y comprensión que nos sostiene y nos guía en cada paso de nuestro camino.

5 Dios en acción

"La fe no es algo que hay que guardar, sino algo que hay que vivir."

- Madre Teresa de Calcuta

Al ver a otros con los ojos del alma, se puede percibir la chispa divina en cada ser, reconociendo que todos somos parte de un todo

Un salto de fe

A medida que fui creciendo, comencé a cuestionarme la existencia de un ser divino. ¿Cómo podía un Dios benevolente permitir tanto sufrimiento en el mundo? ¿Cómo podía reconciliar la imagen de un Dios todopoderoso con la realidad de la enfermedad, la pobreza y la guerra?

Mis dudas me llevaron a explorar diferentes caminos espirituales y filosóficos. Estudié diversas religiones y filosofías, buscando respuestas a mis interrogantes. En este proceso, descubrí que la idea de Dios no era tan simple como la había concebido en mi infancia. Comencé a ver a Dios no como un ser distante e imponente, sino como una fuerza omnipresente que impregna todo el Universo. Una fuerza que se manifiesta en el amor entre las personas, en la creatividad artística y en la búsqueda incansable de la verdad.

Esta nueva comprensión de Dios me permitió reconciliar mi fe con la realidad del mundo. Ya no veía a Dios como un juez implacable que castigaba a los pecadores, sino como un padre amoroso que siempre está presente, incluso en los momentos más difíciles.

Descubrí que Dios no solo está "allá arriba", en un cielo lejano, sino que también está "aquí abajo", en cada uno de nosotros. Dios está en la bondad que mostramos a los demás, en la compasión que sentimos por los que sufren, en la esperanza que nos impulsa a seguir adelante a pesar de las adversidades.

Dios está en acción, no como un ser distante que interviene en el mundo de manera arbitraria, sino como la fuerza que nos impulsa a hacer el bien, a luchar por la justicia y a construir un mundo mejor.

En mi propia vida, he experimentado la presencia de Dios en innumerables ocasiones. He sentido su guía en los momentos de incertidumbre, su consuelo en los momentos de dolor y su fuerza en los momentos de debilidad. He visto a Dios obrando en la vida de otras personas, sanando heridas, restaurando relaciones y brindando esperanza en medio de la desesperación.

Dios no es una idea abstracta o una creencia personal, sino una realidad viva y tangible que se manifiesta en cada momento de nuestras vidas. Dios está en acción, invitándonos a unirnos a su obra de amor y transformación. Es por eso por lo que ya no me limito a hablar de Dios, sino que me esfuerzo por vivir en coherencia con mis creencias. Intento ser un instrumento de la paz, la justicia y el amor de Dios en el mundo.

Sé que el camino no siempre es fácil, pero tengo la certeza de que no estoy solo al llevar a cabo una armonización o cuando libro batallas con el mal. Dios está conmigo en cada paso, dándome la fuerza y la sabiduría que necesito para seguir adelante.

Esta es mi experiencia personal con Dios. No es la única forma de entender y vivir la fe, pero es la mía. Te invito a que explores tu propio camino espiritual y descubras la verdad que resuena en tu corazón.

Señales

Hay momentos en que las fuerzas invisibles del Universo parecen alinearse de manera tan precisa que uno no puede evitar sentir la presencia de algo más grande. En esos instantes, se percibe una energía que va más allá de la comprensión humana y que, sin embargo, resulta innegablemente real. Es entonces que la idea de Dios en acción se revela con una claridad asombrosa.

La vida cotidiana está llena de señales sutiles de esta presencia divina. Un amanecer que tiñe el cielo de colores indescriptibles, el sonido del viento susurrando entre los árboles, o la risa contagiosa de un niño. Cada uno de estos momentos, aunque ordinarios a simple vista, lleva consigo una chispa de lo eterno. Es como si el Universo, a través de estos pequeños milagros, nos recordara constantemente su existencia y su poder.

Hay quienes buscan esta conexión en la profundidad de una oración sincera o en el estudio de textos sagrados. Pero, más allá de cualquier práctica específica, la verdadera revelación de Dios en acción se encuentra en la capacidad de abrir el corazón y la mente a la maravilla del presente. Es en la aceptación plena de cada momento, con sus alegrías y sus desafíos, donde se puede experimentar la divinidad en su forma más pura.

Los ciclos de vida y muerte, de crecimiento y transmutación, son testimonio de una inteligencia superior que guía cada proceso. Observar una semilla convertirse en un majestuoso árbol, o un río tallando su camino a través de montañas, es contemplar el trabajo de una mano invisible pero omnipresente. En estos procesos naturales, se puede ver la manifestación tangible de lo divino.

Sin embargo, la acción de Dios no se limita a lo externo. También se manifiesta en el interior de cada ser humano. En momentos de profunda introspección, cuando se enfrentan las sombras personales y se busca la luz interior, se está participando en una danza sagrada con lo divino. Cada acto de amor, compasión y perdón es una expresión de esta fuerza superior actuando a través de nosotros. Es en estos gestos cotidianos, a menudo pasados por alto, donde se encuentra la verdadera grandeza de la acción divina.

En la interacción con otros seres humanos, se revela otra faceta de Dios en acción. Las conexiones, a veces fugaces, otras veces profundas y duraderas, son oportunidades para experimentar el amor divino.

Cada encuentro, cada conversación, tiene el potencial de ser un reflejo de esa energía universal. Al ver a otros con los ojos del alma, se puede percibir la chispa divina en cada ser, reconociendo que todos somos parte de un todo mayor.

La vida, con todas sus complejidades y misterios, es un escenario donde lo divino se despliega constantemente. Al aceptar esta realidad y vivir con una conciencia plena del presente, se puede empezar a ver la mano de Dios en cada detalle, en cada experiencia. Es una invitación a vivir con un corazón abierto y una mente receptiva, permitiendo que lo divino se manifieste en cada acción, en cada pensamiento, en cada respiro.

El "Yo Soy, Aquí y Ahora" va más allá de un concepto abstracto o una creencia religiosa, es la esencia misma de nuestra conciencia, la base de nuestro ser. Es la chispa divina que reside en cada uno de nosotros, conectándonos con la fuente infinita de energía y creatividad que permea el Universo.

Al reconocer la divinidad del "Yo Soy, Aquí y Ahora", nos abrimos a un nuevo nivel de comprensión de la realidad. Transcendemos las limitaciones del mundo físico y nos conectamos con una dimensión más profunda de la existencia, donde todo es posible y estamos infinitamente interconectados.

En este estado de conciencia elevada, experimentamos una profunda paz interior, una sensación de unidad con todo lo que existe. Nos liberamos del miedo, la duda y la separación, y nos llenamos de amor, compasión y gratitud.

La divinidad del "Yo Soy" no se trata de alcanzar un estado de perfección o de santidad, sino de reconocer nuestra naturaleza divina inherente. Somos seres divinos en esencia, con el poder de crear nuestra propia realidad y de manifestar nuestros sueños más profundos.

Presta atención a tu intuición, a tus emociones y a las señales energéticas que te rodean

---

1. El Misterio de la Existencia

Al abrir los ojos cada mañana, nos sumergimos en un mundo que percibimos a través de nuestros sentidos. La vista, el oído, el tacto, el gusto y el olfato nos ofrecen una representación de la realidad que nos rodea. Sin embargo, ¿Qué sucede cuando nos permitimos ir más allá de estas percepciones inmediatas? ¿Qué encontramos cuando miramos más allá de lo tangible?

En el silencio de la mente, cuando cerramos los ojos y nos alejamos del bullicio externo, descubrimos una dimensión diferente. Es un espacio donde las limitaciones físicas se desvanecen y emergen nuevas formas de comprensión. Aquí, la intuición se convierte en nuestra guía, llevándonos por caminos que nuestros sentidos no pueden trazar. Este territorio desconocido nos invita a explorar aspectos de nosotros mismos que, a menudo, permanecen ocultos bajo la superficie de la cotidianidad. Al profundizar en este estado de conciencia, nos encontramos con la esencia de nuestro ser. Es un lugar de quietud y paz, donde las preocupaciones y los miedos se disipan. En este espacio, la mente deja de ser una herramienta de análisis y se transforma en un canal de conexión con algo más grande. Sentimos una unidad con el todo, una sensación de pertenencia que trasciende el ego y las fronteras personales.

Estamos tan acostumbrados a confiar en nuestros sentidos que olvidamos que existe un mundo más allá de ellos. Nos aferramos a lo que podemos ver y tocar, buscando seguridad en lo familiar. Pero es precisamente en la incertidumbre donde encontramos el verdadero crecimiento. Al dejar de lado las distracciones externas y dirigir nuestra atención hacia adentro, comenzamos a escuchar una voz interior que siempre ha estado ahí. Esta voz no es más que la manifestación de nuestra verdadera naturaleza, ese "Yo Soy" que reside en el "Aquí y Ahora". Es una fuente de sabiduría y claridad, que nos guía hacia una vida más auténtica y plena.

El viaje hacia esta dimensión interior nos enseña a confiar en nosotros mismos y en el flujo natural de la vida. Aprendemos a soltar el control y a permitir que las cosas se desarrollen de manera orgánica. En este estado de aceptación, encontramos una profunda conexión con el presente, reconociendo que cada momento es una oportunidad para experimentar la totalidad de nuestro ser.

Al cultivar esta práctica, descubrimos que la verdadera realidad no está limitada por nuestros sentidos. Es un Universo vasto y expansivo, lleno de posibilidades infinitas. Nos damos cuenta de que somos más que nuestras percepciones y experiencias. Somos parte de un tejido universal que nos une a todos, trascendiendo el tiempo y el espacio. Así, al abrirnos a esta nueva forma de ser, comenzamos a vivir con mayor conciencia y propósito. Nos volvemos más presentes y receptivos, capaces de ver la belleza y la magia en cada detalle de la vida. Este despertar nos permite experimentar una existencia más rica y significativa, donde cada instante se convierte en una oportunidad para descubrir y expresar nuestra verdadera esencia.

"Yo Soy" nos conecta con la fuente divina, recordándonos que somos parte inseparable del Universo.

2.Conexión con la Divinidad

Es común que a menudo perdamos de vista lo que realmente somos, esa chispa divina que reside en nuestro interior. A medida que navegamos por las responsabilidades y expectativas de la sociedad, nos alejamos de nuestra esencia, de ese núcleo puro que define nuestra verdadera identidad. Pero hay momentos en los que, si prestamos atención, podemos sentir un llamado suave y persistente que nos invita a reconectar con esa parte profunda de nosotros mismos.

Este llamado puede manifestarse de diversas maneras: una sensación de vacío, una inquietud inexplicable, o incluso un anhelo de algo más significativo y auténtico. Es en estos momentos cuando necesitamos detenernos y escuchar. Porque, en realidad, nuestra esencia nunca se ha ido. Siempre ha estado ahí, esperando pacientemente a que volvamos a ella.

Tomarse un tiempo para estar en silencio, lejos del ruido externo, puede abrir una puerta hacia nuestro mundo interior.

Otra forma de reconectar es a través de la creatividad. Cuando nos permitimos expresarnos libremente, ya sea a través del arte, la música, la escritura o cualquier otra forma de creatividad, estamos en sintonía con nuestra esencia. Estas actividades nos permiten fluir, nos conectan con el momento presente y nos revelan aspectos de nosotros mismos que quizás habíamos olvidado o ignorado.

Las relaciones significativas también juegan un papel crucial en este proceso. Rodearse de personas que nos inspiran, que nos apoyan y que nos animan a ser auténticos, puede ser un poderoso catalizador para reconectar con nuestra esencia. Estas conexiones genuinas nos recuerdan quiénes somos y nos proporcionan el valor necesario para vivir de acuerdo con nuestra verdad.

Habrá momentos de claridad y momentos de confusión. Lo esencial es mantener la intención de volver a nuestro centro, una y otra vez. Cada vez que lo hacemos, nos fortalecemos. En este proceso, la compasión hacia uno mismo juega un papel fundamental. Aceptar nuestras imperfecciones, nuestros errores y nuestras dudas, nos permite avanzar con más ligereza y confianza. La esencia de cada uno de nosotros es única y valiosa, y merece ser honrada y celebrada.

Al final, la conexión con nuestra esencia nos brinda una sensación de paz y propósito. Nos recuerda que somos más que nuestras circunstancias, más que nuestras preocupaciones y miedos. Somos Seres de Luz, con un potencial infinito, y en la medida en que nos permitimos reconectar con esa verdad, nuestra vida se transforma en una expresión de amor y autenticidad.

3. Transformación Personal

La vida es un constante flujo de experiencias, aprendizajes y cambios. Cada uno de nosotros se encuentra en un punto particular de ese flujo, y es en ese punto donde podemos comenzar a observarnos con detenimiento. La transformación personal no es un destino, sino un proceso continuo de autodescubrimiento y crecimiento. Es un sendero que recorremos con intención y consciencia, permitiéndonos evolucionar y adaptarnos a las circunstancias cambiantes de nuestra existencia.

Al detenernos y mirar hacia nuestro interior, comenzamos a reconocer patrones de pensamiento y comportamiento que nos han definido. Estos patrones, muchas veces inconscientes, pueden ser tanto constructivos como destructivos. A través de la autoobservación, podemos identificar aquellos aspectos de nosotros mismos que necesitan ser transformados. Es un ejercicio de honestidad, pues no siempre es fácil confrontar nuestras propias sombras.

Una vez que hemos identificado las áreas que requieren cambio, el siguiente paso es la aceptación. Aceptar no significa resignarse, sino reconocer nuestra realidad actual sin juicio. Es un acto de compasión hacia uno mismo, entendiendo que todos somos seres en constante evolución. La aceptación nos libera del peso de la culpa y nos permite enfocarnos en el presente, desde donde podemos comenzar a construir una nueva versión de nosotros mismos.

La intención juega un papel crucial en la transformación personal. Al establecer una intención clara y específica, dirigimos nuestra energía y atención hacia los cambios que deseamos ver en nuestra vida. Esta intención actúa como una brújula, guiándonos a través de los desafíos y obstáculos que inevitablemente encontraremos en el camino. Mantener una intención firme nos ayuda a mantenernos enfocados y comprometidos con nuestro proceso de transformación.

El siguiente paso es la acción consciente. La transformación no ocurre simplemente con desearla; requiere de acciones concretas y sostenidas en el tiempo. Cada pequeña acción que tomamos hacia nuestro crecimiento personal suma, creando un efecto acumulativo que nos empuja hacia adelante.

La acción consciente implica estar presentes en cada momento, tomando decisiones que estén alineadas con nuestra intención y nuestros valores más profundos.

La reflexión es otro componente esencial del proceso de transformación. Tomarnos el tiempo para reflexionar sobre nuestras experiencias y aprendizajes nos permite integrar las lecciones que hemos recibido. La reflexión nos brinda la oportunidad de ajustar nuestro curso, corregir errores y celebrar nuestros logros. Es un espacio de pausa y contemplación, donde podemos evaluar nuestro progreso y renovar nuestro compromiso con nuestro crecimiento personal. El apoyo de una comunidad o de personas afines puede ser de gran ayuda en este proceso: compartir nuestras experiencias y recibir retroalimentación nos brinda nuevas perspectivas y nos motiva a seguir adelante. La conexión con otros nos recuerda que no estamos solos en nuestro camino y que todos, de alguna manera, estamos buscando ser la mejor versión de nosotros mismos.

La transformación personal es un viaje sin fin, una danza entre el ser y el devenir. Es un recordatorio constante de que estamos vivos, "Aquí y Ahora", y que cada momento nos ofrece una nueva oportunidad para crecer y evolucionar.

6 Conexión con otras dimensiones

"La materia es energía condensada, pero nosotros somos conciencia pura. Y esta conciencia es la única realidad."

- Max Planck

Somos parte de un todo infinito, conectados en una danza cósmica de energía y conciencia

Desde pequeño he sentido una profunda curiosidad por explorar los misterios del Universo y la posibilidad de conectar con otras dimensiones. A medida que crecía, esta curiosidad se intensificaba. Leía libros sobre física cuántica, metafísica y experiencias paranormales. Practicaba meditación y técnicas de expansión de la conciencia, buscando abrir mi mente a nuevas posibilidades.

Un día, mientras meditaba, experimenté una sensación inexplicable. El tiempo pareció detenerse, y me sentí rodeado por una energía vibrante y luminosa. En ese estado de profunda paz y conciencia expandida, tuve una visión fugaz de otro mundo, un lugar lleno de colores y formas que jamás había visto antes.

Al principio, no estaba seguro de lo que había vivido. ¿Había sido una simple alucinación producto de mi meditación? ¿O había sido algo más, una conexión real con otra dimensión?

Con el tiempo, he tenido otras experiencias similares, todas ellas durante estados profundos de meditación o en momentos de gran apertura y receptividad. Estas experiencias me han confirmado que existen otras dimensiones más allá de nuestra realidad física, y que es posible conectar con ellas a través de la percepción expandida y la conciencia.

Esto tiene que ver con la capacidad de nuestra mente para trascender los límites del espacio y el tiempo. Cuando nos encontramos en un estado de conciencia elevada, podemos acceder a información y realidades que están más allá de nuestra percepción ordinaria.

Estos viajes a otras dimensiones me han enseñado mucho sobre mí mismo y sobre el Universo. He descubierto que somos seres multidimensionales, con la capacidad de conectar con diferentes planos de la realidad. He aprendido que el amor, la luz y la conciencia son la base de toda la existencia.

Mi búsqueda por conectar con otras dimensiones ha sido un viaje fascinante y enriquecedor. Me ha permitido expandir mi mente, abrir mi corazón y conectar con mi verdadero yo.

Si te sientes atraído por la idea de explorar otras dimensiones, te invito a abrirte a nuevas posibilidades. Practica la meditación, expande tu conciencia y mantén tu mente receptiva a los misterios del Universo. Tal vez, como yo, tengas la oportunidad de experimentar la magia de conectar con otros mundos.

Las coincidencias, los sueños vívidos y las intuiciones pueden ser señales de una conexión con otras dimensiones.

---

1. Mundos Paralelos

La realidad que percibimos a nuestro alrededor parece ser la única que existe. Sin embargo, hay momentos en los que una sensación profunda nos invade, como si hubiera algo más allá de lo que nuestros sentidos pueden captar. Es en esos instantes cuando comenzamos a cuestionar la naturaleza de nuestra existencia y a considerar la posibilidad de que haya otros mundos, paralelos al nuestro, coexistiendo en dimensiones que no alcanzamos a comprender completamente.

Al reflexionar sobre estos posibles mundos paralelos, me doy cuenta de que nuestras vidas están llenas de decisiones y caminos no tomados. Cada elección que hacemos nos lleva por un sendero específico, pero, ¿qué pasa con los caminos que no elegimos? ¿Acaso esas posibilidades también existen en algún lugar, en algún plano de la realidad? Es fascinante imaginar que cada uno de esos caminos alternativos podría estar desarrollándose en un Universo paralelo, donde versiones diferentes de nosotros mismos experimentan vidas distintas.

La idea de mundos paralelos o multiversos no solo es intrigante desde una perspectiva filosófica, sino que también nos invita a considerar cómo nuestras acciones y pensamientos pueden influir en múltiples dimensiones. Si aceptamos la existencia de estos otros mundos, entonces nuestras decisiones adquieren un nuevo nivel de importancia. Cada momento presente se convierte en un punto de convergencia donde las infinitas posibilidades del pasado y del futuro se encuentran.

Esta reflexión me lleva a una comprensión más profunda de mi propio ser y del impacto que tengo en el Universo. Si todo lo que hago y pienso tiene repercusiones en otros planos de la realidad, entonces cada acto de bondad, cada pensamiento positivo, se extiende más allá de mi propia experiencia y toca otras vidas, otras versiones de mí mismo. Este entendimiento me motiva a vivir con mayor conciencia y responsabilidad, sabiendo que mis acciones tienen un alcance mucho mayor del que puedo ver.

Además, considerar la existencia de mundos paralelos me da una sensación de esperanza y posibilidad. Si en algún lugar, en algún Universo, existe una versión de mí que ha superado los desafíos que enfrento, que ha encontrado la paz y la plenitud, entonces puedo inspirarme en esa posibilidad para seguir adelante. Puedo visualizar ese futuro alternativo y trabajar para manifestarlo en mi propia realidad.

Al final, la noción de mundos paralelos nos recuerda que la realidad es mucho más vasta y compleja de lo que podemos imaginar. Nos invita a abrir nuestras mentes y corazones a nuevas posibilidades y a reconocer que, aunque no podamos verlos, estos otros mundos están tan presentes como el nuestro. Esta perspectiva nos da la oportunidad de vivir con una mayor apreciación por el misterio y la maravilla de la existencia, sabiendo que somos parte de una red infinita de realidades interconectadas.

Así, en cada momento presente, tenemos la oportunidad de reconectar con nuestro verdadero ser, de ser conscientes de nuestra influencia y de elegir con sabiduría, sabiendo que cada pequeño acto tiene el poder de resonar a través de los múltiples mundos que coexisten con el nuestro.

El multiverso es la idea de que nuestro Universo no es único, sino que es uno de muchos.

2.Viajes Espirituales

En la serenidad del silencio, donde el ruido del mundo exterior se disuelve, se encuentra la puerta hacia los viajes espirituales. Estos no son desplazamientos físicos, sino exploraciones del alma y del ser interno, y la meditación es una herramienta poderosa para este tipo de viajes. Al cerrar los ojos y concentrarse en la respiración, se crea un espacio donde el pensamiento puede fluir libremente, sin las restricciones del juicio o la preocupación. En este estado, se puede llegar a un entendimiento más profundo de nuestras emociones.

Tomarse el tiempo para reflexionar sobre nuestras acciones, decisiones y sus consecuencias permite un crecimiento personal significativo. Al examinar nuestras vidas con honestidad, se pueden identificar patrones que nos limitan y, así, trabajar en superarlos. Este proceso no siempre es fácil, ya que puede revelar aspectos de nosotros mismos que preferiríamos ignorar. Sin embargo, es precisamente en reflejo de estas sombras donde reside la oportunidad de transformación.

Al sumergirse en un entorno natural, lejos del bullicio de la vida urbana, se puede experimentar una sensación de unidad con el mundo que nos rodea.

Los sonidos del viento, el canto de los pájaros y el murmullo del agua actúan como un bálsamo para el alma, recordándonos nuestra interconexión con todo lo que existe.

Es importante recordar que los viajes espirituales son únicos para cada individuo. No hay un camino correcto o incorrecto, y lo que funciona para una persona puede no ser efectivo para otra. La clave está en encontrar las prácticas y métodos que resuenen con nuestro ser más profundo. Esto puede implicar probar diferentes técnicas y enfoques hasta descubrir lo que realmente nos nutre y nos guía.

En el proceso de estos viajes, es esencial mantener una actitud de apertura y curiosidad. Al estar dispuestos a explorar sin expectativas fijas, se permite que la experiencia nos lleve a lugares inesperados y reveladores. Cada viaje es una oportunidad para aprender más sobre nosotros mismos y el mundo que nos rodea, enriqueciendo nuestra comprensión y ampliando nuestra conciencia.

Estos viajes no tienen un destino final, ya que el crecimiento espiritual es un proceso continuo. Cada paso dado en el camino, cada experiencia vivida, contribuye a la construcción de un yo más completo y consciente. Es a través de estos viajes que podemos descubrir el verdadero significado de "Yo Soy, Aquí y Ahora", encontrando en el presente la plenitud y la paz que buscamos.

Conectar con otras dimensiones es un viaje que nunca termina. A medida que avanzamos en nuestro desarrollo espiritual, nuestras capacidades para percibir y experimentar estas realidades se expanden.

---

3. Guías y Seres de Luz

La conexión con nuestros Guías y Seres de Luz es una experiencia profundamente transformadora, una que nos lleva a un entendimiento más profundo de nuestra existencia y propósito. Estos seres, que residen en dimensiones superiores, actúan como faros de sabiduría y amor incondicional, guiándonos a través de los desafíos y alegrías de la vida terrenal. Al abrirnos a su presencia, no solo recibimos orientación, sino que también expandimos nuestra conciencia y elevamos nuestra vibración energética.

El primer paso para conectarnos con estos guías es reconocer su existencia y estar dispuestos a recibir su ayuda. A menudo, se comunican con nosotros a través de señales sutiles: una pluma blanca en nuestro camino, un número repetitivo en el reloj o una sensación de paz inexplicable en momentos de angustia. Estas señales no son coincidencias, sino mensajes cuidadosamente orquestados para captar nuestra atención y recordarnos que no estamos solos.

Nuestros guías también pueden manifestarse en sueños, donde el velo entre las dimensiones es más delgado. En estos estados de sueño, es posible recibir mensajes directos, visiones o experiencias que nos ofrecen claridad sobre situaciones de nuestra vida. Mantener un registro y seguimiento de los sueños puede ser útil para recordar y analizar estos encuentros, descifrando los símbolos y temas recurrentes que nuestros guías utilizan para comunicarse.

Es importante recordar que estos Seres de Luz respetan nuestro libre albedrío. No interferirán en nuestras decisiones, pero estarán siempre disponibles para ofrecer orientación y apoyo cuando se les solicite. Su amor es incondicional, y su único propósito es ayudarnos a crecer y evolucionar espiritualmente. Confiar en su presencia y en los mensajes que nos envían requiere fe y práctica, pero con el tiempo, esta relación se fortalece y se convierte en una fuente constante de consuelo y sabiduría.

Además de los guías personales, existen Seres de Luz que trabajan con la humanidad en su conjunto. Arcángeles, Maestros Ascendidos y otros seres divinos están dedicados a asistir en la evolución colectiva de la conciencia. Invocarlos en momentos de necesidad puede traer una enorme cantidad de luz y energía sanadora a nuestras vidas. Es un recordatorio de que estamos conectados a algo mucho más grande que nosotros mismos, una red de amor y apoyo universal.

Vivir en armonía con nuestros Guías y Seres de Luz nos invita a una existencia más consciente y plena. Nos anima a mirar más allá de lo material y a reconocer la divinidad en cada experiencia. Esta relación sagrada nos empodera para vivir desde nuestro yo más auténtico, sabiendo que, en cada paso del camino, estamos acompañados por seres que desean nuestro mayor bien.

Cada uno experimenta la conexión con sus guías de manera única. Confía en tus intuiciones y sensaciones.

---

4. Trascendencia

La vida está llena de momentos que nos hacen cuestionar nuestra realidad y nuestro lugar en el Universo. A veces, estas experiencias son tan poderosas que nos cambian para siempre. Recuerdo una vez, durante un retiro de meditación, que sentí una conexión profunda. Cerré los ojos y, en un instante, el ruido del mundo exterior se desvaneció. Me encontré en un espacio de silencio absoluto, donde el tiempo parecía no tener sentido. Allí, en esa quietud, sentí una paz que nunca había experimentado.

Desde entonces, he buscado comprender ese estado trascendental. He leído sobre místicos y sabios de diversas tradiciones, y he descubierto que muchos han tenido experiencias similares. Me he dado cuenta de que estos momentos no son exclusivos de unos pocos; están al alcance de todos, si estamos dispuestos a abrirnos a ellos.

Una vez, mientras caminaba por un parque, me detuve a observar un árbol viejo y retorcido. Sus ramas parecían contar historias de siglos pasados. Al tocar su corteza, sentí una energía que me recorrió el cuerpo. Era como si el árbol y yo estuviéramos conectados de una manera que no podía explicar racionalmente. En ese instante, comprendí que todos somos parte de un todo mayor, interconectados de formas que nuestras mentes limitadas no pueden entender completamente.

Hay momentos en la vida cotidiana que también pueden llevarnos a esa comprensión. Una tarde, sentado en mi auto, observaba a las personas pasar. Cada una de ellas tenía su propia historia, sus propios problemas y alegrías. De repente, sentí una oleada de compasión por todos ellos. Me di cuenta de que, aunque nuestras experiencias individuales son diferentes, todos compartimos la misma esencia. Todos buscamos amor, comprensión y paz.

En otra ocasión, durante una tormenta eléctrica, me detuve a observar los relámpagos mientras iluminaban el cielo. La fuerza y la belleza de esos sucesos naturales me dejaron sin aliento. Sentí una humildad profunda, reconociendo lo pequeño que soy en comparación con la vastedad del Universo. Sin embargo, también sentí una conexión con esa grandeza, como si formara parte de algo inmenso y maravilloso.

Estas experiencias han moldeado mi percepción de la vida. Me han enseñado a valorar el momento presente y a buscar la profundidad en lo cotidiano. No se trata de buscar experiencias extraordinarias, sino de estar abiertos a lo que la vida nos ofrece en cada instante. He aprendido que la verdadera trascendencia no está en lo grandioso, sino en la simplicidad del "Aquí y Ahora".

Cada día es una oportunidad para abrirnos a nuevas percepciones, para conectarnos con nosotros mismos y con el mundo que nos rodea. Al hacerlo, descubrimos que la vida es mucho más rica y significativa de lo que habíamos imaginado. Estas experiencias trascendentales nos recuerdan nuestra verdadera naturaleza y nos invitan a vivir con mayor conciencia y gratitud.

Es en esos momentos de conexión profunda donde encontramos el verdadero sentido de la existencia y nos damos cuenta de que somos parte de un todo infinito, y esa comprensión nos llena de una paz y una alegría indescriptibles.

7 El significado de la vida

"El propósito de la vida es encontrar tu regalo. El significado de la vida es darlo."

- Pablo Picasso

Somos parte de una red infinita de energía y conciencia, y cada uno de nosotros tiene un papel único que desempeñar en el tejido de la existencia.

Conexión

La noche se cierne sobre la ciudad, envolviéndome en un manto de oscuridad que me resulta familiar. Es mi momento. El momento en el que dejo atrás las preocupaciones del mundo y me sumerjo en mi propio universo rítmico. Al llegar al recinto, el aire vibra con la anticipación del concierto. Mis compañeros, mis cómplices musicales, ya están afinando sus instrumentos. Un nudo se forma en mi garganta ante la inminencia de lo que está por venir.

Me dirijo a mi batería, mi santuario. Con cada toque a los parches, siento una energía que fluye a través de mí, conectándome con algo más grande que yo mismo.

En el fragor de la música, pierdo la noción del tiempo y del espacio. Soy uno con el ritmo, con el sonido. Es en esos momentos de trance musical cuando me encuentro conmigo mismo de una manera que pocas veces tengo la oportunidad de experimentar. Es como si, a través de la batería, estuviera desvelando capas de mi ser, liberando mi verdadero potencial.

La batería es mi herramienta de sanación, mi vía de escape. Con cada redoblante, cada bombo, expulso mis miedos, mis inseguridades, mis dudas. Y en ese acto de liberación, me siento más ligero, más libre. En el escenario, bajo las lámparas, la conexión con el público es palpable. Sus ojos brillan de emoción, sus cuerpos se mueven al ritmo de la música. En ese intercambio de energía, siento una profunda gratitud. La música nos une, nos hace trascender nuestras diferencias.

Los viernes por la noche son mi ritual, mi momento de conexión con lo divino. A través de la música, temporalmente me desconecto del mundo exterior y encuentro mi propósito, mi razón de ser. Y es en esos momentos de trascendencia cuando me doy cuenta de que además de ser metafísico y baterista, soy un creador, un armonizador, un buscador de la verdad. Soy el "Yo Soy" que tanto he anhelado encontrar. En esos momentos de profunda conexión, siento que estoy explorando los rincones más recónditos de mi alma. Es como si la música fuera una brújula que me guía hacia mi verdadero yo.

La batería es mi confidente, mi compañera de viaje. Me acompaña en mis momentos de alegría y de tristeza, de éxito y de fracaso. A través de ella, he aprendido a aceptar mis imperfecciones, a celebrar mis logros y a enfrentar mis desafíos con valentía.

En cada concierto, cuando la energía del público se une a la mía, siento una sensación de unidad que me llena de gratitud. Es como si, a través de la música, estuviéramos creando un espacio sagrado donde todos somos uno.

Y aunque no puedo explicar con palabras la profundidad de esta experiencia, sé que la música es mi camino hacia la iluminación, mi puente hacia un mundo más allá de lo material.

Cuando la última nota se desvanece y el aplauso del público retumba en mis oídos, una sensación de paz me inunda. Sé que he compartido una parte de mi alma con ellos. Sé que he dejado una huella en el mundo, aunque sea pequeña.

Es como si, con cada golpe, estuviera desentrañando los misterios del Universo, buscando mi propio "Yo Soy".

La vida es un aprendizaje constante. Cada experiencia, cada desafío, cada fracaso, es una oportunidad para crecer y evolucionar.

Autodescubrimiento

Como seres humanos, desde el momento en que nacemos y abrimos los ojos por primera vez, nos embarcamos en un viaje de búsqueda incesante: la búsqueda del significado de la vida. A lo largo de la historia, filósofos, pensadores y personas de todas las culturas han reflexionado sobre este misterio trascendental, sin encontrar una respuesta definitiva.

En mi propio camino de autodescubrimiento, he recorrido diversos senderos en busca de una respuesta que apacigüe mi alma inquieta. He explorado las religiones, las filosofías, la ciencia y las artes, encontrando en cada una de ellas fragmentos de sabiduría que iluminan mi comprensión del mundo y de mi lugar en él. Sin embargo, he llegado a la conclusión de que el significado de la vida no es una respuesta única y universal, sino un rompecabezas individual que cada uno de nosotros debe armar con las piezas de nuestras propias experiencias, valores y creencias.

Para algunos, el significado de la vida reside en la búsqueda de la felicidad, en encontrar la dicha en los pequeños momentos cotidianos y en las relaciones con nuestros seres queridos. Otros encuentran su propósito en la búsqueda del conocimiento, en la exploración de los misterios del Universo y en la expansión de su mente.

Para mí, el significado de la vida se encuentra en la conexión, en la profunda interrelación que existe entre todos los seres vivos y el Universo en su totalidad. Encontrar nuestro significado individual radica en descubrir ese papel y vivirlo con autenticidad y pasión. Se trata de contribuir al mundo de una manera significativa, de dejar una huella positiva en la vida de los demás y de hacer del mundo un lugar mejor. El significado de la vida no es un destino final, sino un viaje continuo de crecimiento, aprendizaje y transformación. Se trata de evolucionar como personas, de superar nuestros límites y de alcanzar nuestro máximo potencial.

En este trayecto no estamos solos. Estamos acompañados por la infinita sabiduría del Universo, por la guía de nuestros ancestros y por el amor incondicional de aquellos que nos rodean. El significado de la vida es una danza entre lo individual y lo universal, entre el ser y el hacer, entre el yo y el otro. Es encontrar nuestra esencia y expresarla al mundo con autenticidad, compasión y amor.

Es en la simplicidad del "Yo Soy, Aquí y Ahora" donde finalmente pude encontrar una clave para comprender el sentido de nuestra existencia. El "Yo Soy, Aquí y Ahora" nos remite a la experiencia inmediata de la presencia. Es la conciencia de estar vivo, de ser parte de este mundo en este momento preciso. Es la conexión con nuestro cuerpo, nuestras emociones y nuestros pensamientos. Es la base de la experiencia humana, el punto de partida desde el cual construimos nuestra realidad.

Desde esta perspectiva, el significado de la vida no se encuentra en algo externo a nosotros, sino en la propia experiencia de vivir. Se trata de abrazar la totalidad de nuestro ser, con sus luces y sus sombras, sus alegrías y sus tristezas. Se trata de vivir con autenticidad, aceptando quiénes somos y eligiendo cómo queremos vivir.

El "Yo Soy, Aquí y Ahora" también nos invita a vivir en el presente. El pasado ya no está, el futuro aún no llega. Lo único que tenemos es este momento, este instante fugaz que se nos escapa entre los dedos. Es en este presente donde podemos tomar decisiones, crear experiencias y construir nuestra propia historia.

Vivir en el presente no significa olvidar el pasado ni dejar de pensar en el futuro. Se trata de darle al presente la importancia que se merece, de aprovechar al máximo cada momento y de no dejar que la vida se nos pase desapercibida.

El significado de la vida en relación con el "Yo Soy, Aquí y Ahora" se encuentra en vivir con plenitud y conciencia. Se trata de abrazar la experiencia de estar vivo, de vivir en el presente y de tomar las riendas de nuestra propia existencia. Es un camino que requiere esfuerzo y compromiso, pero que también nos ofrece la posibilidad de encontrar la felicidad y la realización personal.

"Yo Soy, Aquí y Ahora" es la conciencia de estar vivo, de ser parte de este mundo en este preciso momento.

----

1. Propósito y Misión

La vida es un constante fluir de momentos que se entrelazan en una sinfonía de experiencias, emociones y aprendizajes. Cada amanecer trae consigo una nueva oportunidad para descubrir quiénes somos realmente, más allá de las máscaras que llevamos y las expectativas que nos imponen.

El propósito no es simplemente una meta por alcanzar, sino una razón profunda que da sentido a cada uno de nuestros pasos. Es la chispa interna que enciende nuestra pasión y nos impulsa a seguir adelante, incluso en los momentos más oscuros.

La misión, por otro lado, es la manifestación práctica de ese propósito en el mundo. Es la manera en que elegimos contribuir y dejar nuestra huella en la vida de los demás. A través de nuestras acciones, palabras y decisiones, tenemos el poder de influir positivamente en nuestro entorno y en las personas que nos rodean. La misión es el puente que conecta nuestro ser interior con el exterior, transformando nuestras intenciones en realidades tangibles.

En el "Aquí y Ahora", es fundamental recordar que no estamos solos en este camino. Cada ser humano tiene su propio propósito y misión, y al reconocer y respetar la diversidad de experiencias y perspectivas, enriquecemos nuestra propia travesía. La empatía y la compasión son aliados indispensables en este proceso, ya que nos permiten conectarnos a un nivel más profundo con los demás y con nosotros mismos.

La claridad en nuestro propósito y misión nos brinda una sensación de dirección y significado, pero también nos reta a estar presentes y conscientes en cada momento. La vida no siempre se desarrolla según nuestros planes, y es en esos momentos de incertidumbre donde más necesitamos anclar nuestra visión en el presente. La aceptación de lo que es, sin resistirnos ni aferrarnos, nos permite fluir con la corriente de la vida y encontrar oportunidades de crecimiento en cada circunstancia.

Es crucial entender que nuestro propósito y misión no son estáticos; evolucionan con nosotros a medida que crecemos y aprendemos. Lo que hoy parece ser nuestra verdad puede cambiar mañana, y eso está bien. La flexibilidad y la apertura al cambio son esenciales para mantenernos alineados con nuestra esencia y adaptarnos a las nuevas realidades que se nos presentan.

En la búsqueda de nuestro propósito y misión, es vital cultivar la autoconciencia y la reflexión. Tomarnos el tiempo para meditar, escribir y dialogar con nosotros mismos nos ayuda a profundizar en nuestras motivaciones y deseos más genuinos.

Al final del día, lo que realmente importa es vivir con integridad y coherencia, siendo fieles a quienes somos y a lo que creemos. Nuestro propósito y misión son las estrellas que nos guían en el vasto cielo de la existencia, recordándonos que cada momento, por pequeño que sea, tiene un valor inmenso en el gran tapiz de la vida.

Servicio Espiritual

Desde siempre he sentido una fuerza intangible que me guía y me impulsa a buscar un significado más profundo en la vida. Con el tiempo comprendí que esta fuerza era mi intuición, mi alma, mi propósito. Y este propósito se cristalizó en un anhelo ferviente: ayudar a otros a conectar con su propia luz interior.

Ayudar espiritualmente a otros no es solo un trabajo para mí; es una vocación, una pasión que arde en lo más profundo de mi ser. Es el deseo de compartir las herramientas y conocimientos que he adquirido a lo largo de mi vida para que otros puedan mejorar, crecer y encontrar la paz interior. Es como ser un amigo en una noche oscura, acompañando a aquellos que se sienten perdidos y confundidos.

Cada persona con la que entro en contacto lleva consigo un Universo único de experiencias, creencias y desafíos. Mi papel es crear un espacio seguro y amoroso donde puedan explorar su mundo interior sin juicio. A través de la escucha activa, la empatía y diversas técnicas espirituales, les ayudo a descubrir sus propias respuestas y a encontrar su propio camino.

Este camino no siempre es fácil. A veces, me enfrento a la resistencia de aquellos que no están listos para abrirse a nuevas perspectivas. Otras veces, siento la presión de querer arreglar todo y a todos. En esos momentos, recuerdo que mi función no es imponer mis creencias, sino acompañar a los demás en su propio proceso de descubrimiento.

Mi misión es un viaje constante de aprendizaje y crecimiento. A medida que brindo servicio a otros, también me transformo. Cada encuentro me enriquece y me recuerda la interconexión de todos los seres. Compartir mi luz con los demás no solo beneficia a ellos, sino que también me ilumina a mí.

Sé que mi camino es largo y que aún tengo mucho por aprender. Pero estoy profundamente agradecido por la oportunidad de servir a los demás y de ser parte de algo más grande que yo. Con cada alma que toco, reafirmo mi creencia en la capacidad innata de cada ser humano para encontrar la felicidad, la paz y el propósito. Mi misión es un acto de amor incondicional. Es una expresión de mi gratitud por la vida y una forma de devolver todo lo que he recibido. Y aunque el camino sea desafiante, sé que estoy en el lugar correcto haciendo lo que debo hacer.

2. Contribución al Mundo

Nuestras acciones, por pequeñas que sean, pueden tener un impacto duradero en el entorno y en las personas que nos rodean. Entender que cada gesto, cada palabra y cada decisión cuenta, es el primer paso hacia una contribución consciente y deliberada al mundo.

La esencia de nuestra existencia no solo reside en lo que logramos para nosotros mismos, sino también en lo que podemos ofrecer a los demás. La compasión, la empatía y la solidaridad son fundamentales en este proceso. Al ponernos en los zapatos del otro, desarrollamos una comprensión más profunda de sus necesidades y aspiraciones, lo que nos permite actuar de manera más compasiva y efectiva. La verdadera contribución al mundo empieza desde adentro, cultivando una mentalidad abierta y un corazón dispuesto a dar sin esperar nada a cambio.

Uno de los aspectos más poderosos de nuestra contribución al mundo es la capacidad de inspirar a otros. A través de nuestras acciones y comportamientos, podemos ser modelos a seguir, motivando a quienes nos observan a adoptar actitudes y comportamientos positivos. La inspiración no requiere grandes gestos; a menudo, son los actos cotidianos de bondad y generosidad los que dejan una impresión duradera. Al vivir de acuerdo con nuestros valores y principios, mostramos a los demás que es posible llevar una vida plena y significativa, que trasciende el interés propio.

Además de la inspiración, la educación juega un papel crucial en la contribución al mundo. Compartir conocimientos y experiencias con otros no solo enriquece sus vidas, sino que también fortalece la comunidad en su conjunto. La educación no se limita a las aulas; cada interacción es una oportunidad para aprender y enseñar. Al promover el intercambio de ideas y el aprendizaje continuo, fomentamos un entorno donde todos pueden crecer y desarrollarse.

La sostenibilidad es otro aspecto vital a considerar. Vivimos en un mundo donde los recursos son finitos y nuestras acciones tienen un impacto directo en el medio ambiente. Adoptar prácticas sostenibles y responsables es una forma concreta de contribuir al bienestar del planeta. Desde reducir el consumo de energía hasta apoyar iniciativas locales de conservación, cada esfuerzo cuenta. Al ser conscientes de nuestra huella ecológica, asumimos la responsabilidad de preservar el mundo para las futuras generaciones.

Es importante recordar que la contribución al mundo no siempre se manifiesta en actos grandiosos o visibles. A veces, los gestos más significativos son aquellos que pasan desapercibidos, pero que tienen un profundo efecto en la vida de alguien. Un oído atento, una palabra de aliento o una sonrisa sincera pueden marcar la diferencia en el día de una persona.

Estas pequeñas acciones, repetidas a lo largo del tiempo, crean una red de positividad y apoyo que fortalece el tejido social. Así, al vivir en el presente, siendo conscientes del "Aquí y Ahora", podemos encontrar innumerables oportunidades para hacer una diferencia. La clave está en la intención y la autenticidad con la que actuamos.

Cada momento es una oportunidad para contribuir, para dejar el mundo un poco mejor de lo que lo encontramos. Con cada paso que damos, podemos elegir hacerlo con propósito y compasión, sabiendo que nuestras acciones resuenan más allá de lo inmediato, tocando vidas y dejando un legado duradero.

Un Alma a la Vez

Ayudar a otros en su camino espiritual es una labor que me llena de satisfacción. Al compartir mis experiencias, conocimientos y perspectivas, siento que estoy cumpliendo con un llamado más grande que yo mismo. Es como encender una pequeña llama en la oscuridad de alguien más, una llama que puede crecer e iluminar su propio camino.

Recuerdo una ocasión en la que una paciente se encontraba pasando por un momento difícil en su vida. Se sentía perdida y desconectada de su propósito. Al hablar con ella, descubrí que estaba buscando respuestas espirituales que no había podido encontrar por sí sola. Decidí compartir con ella algunas prácticas y enseñanzas que me habían ayudado a encontrar mi propio centro. Con el tiempo, comencé a ver cómo su perspectiva comenzaba a cambiar y cómo una nueva esperanza se encendía en sus ojos.

Al ayudar a otros en su crecimiento espiritual, no solo les estamos ofreciendo herramientas y conocimientos, sino también un espacio seguro donde puedan explorar sus propias creencias y valores. Les estamos recordando que no están solos en su viaje y que existe una comunidad de personas que los apoya y los comprende.

Creo firmemente que cada uno de nosotros tiene un regalo único que ofrecer al mundo. Para mí, ese regalo es la capacidad de conectar con los demás a nivel espiritual. Al compartir mi fe y mis experiencias, espero inspirar a otros a encontrar su propio camino y a vivir una vida más plena y significativa.

El servicio desinteresado hacia los demás puede revelar nuestro propósito y darnos una sensación de plenitud.

---

3. Conexión con el Todo

Sentir la conexión con el Todo es una experiencia transformadora que nos lleva más allá de los límites de nuestra individualidad, ya que a menudo olvidamos que somos parte de algo mucho más grande. Nos vemos como seres aislados, luchando en un mundo que parece indiferente a nuestras aspiraciones y sufrimientos. Sin embargo, cuando nos permitimos detenernos y observar con atención, podemos percibir los hilos invisibles que nos unen a todo lo que existe.

Nos damos cuenta de que no estamos separados, sino que somos expresiones únicas de una misma esencia. Un árbol no crece en soledad; sus raíces se entrelazan con las de otros árboles, compartiendo nutrientes y comunicación. De manera similar, nuestras vidas están entrelazadas con las de los demás, incluso cuando no somos conscientes de ello.

La respiración es un recordatorio constante de nuestra conexión con el mundo. Con cada inhalación, absorbemos el aire que ha circulado por los pulmones de innumerables seres vivos. Con cada exhalación, devolvemos al mundo una parte de nosotros mismos. Este intercambio perpetuo simboliza la danza continua de dar y recibir que define nuestra existencia. Al ser conscientes de este proceso, podemos cultivar una mayor apreciación por el milagro de la vida y nuestra relación con todo lo que nos rodea.

El silencio es otro portal hacia esta comprensión. En el silencio, podemos escuchar la voz del Universo. Los antiguos sabios y místicos de diversas tradiciones espirituales han hablado de la importancia de encontrar tiempo para el silencio. Es en estos espacios de calma donde podemos experimentar la unidad con el Todo. El ruido constante de nuestros pensamientos y preocupaciones se disuelve, dejando espacio para que emerja una profunda sensación de paz y conexión.

El amor es la fuerza que más claramente nos revela nuestra conexión con el Todo. Cuando amamos, nos expandimos más allá de nuestros propios límites. Sentimos el dolor y la alegría de los demás como si fueran nuestros propios. Este amor incondicional no se limita a las relaciones humanas; se extiende a todos los seres vivos y al propio planeta. Al cultivar el amor en nuestras vidas, nos alineamos con la energía fundamental del Universo, que es inclusiva y unificadora.

Es esencial recordar que la conexión con el Todo no es un estado que alcanzamos una vez y para siempre. Es una práctica continua, un recordatorio diario de nuestra verdadera naturaleza. Cada acto de bondad nos acerca más a esa sensación de unidad.

Vivir en conexión con el Todo nos invita a ver más allá de las apariencias y reconocer la divinidad en cada ser y en cada experiencia. Nos desafía a dejar de lado nuestras percepciones limitadas y abrazar una visión más amplia y amorosa de la vida. En este camino, descubrimos que no estamos solos, sino profundamente entrelazados en una red de vida que nos sostiene y nos nutre.

Cada pensamiento, cada emoción, es un eco que resuena en la conciencia universal.

---

4. Amor Incondicional

El amor incondicional es una fuerza poderosa que trasciende las barreras del tiempo y el espacio. No se trata simplemente de un sentimiento, sino de un estado del ser que se manifiesta en cada acción, pensamiento y palabra. Este tipo de amor no requiere condiciones ni expectativas; es un flujo constante que emana desde lo más profundo de nuestro ser y se extiende a todo lo que nos rodea.

Es común que nos encontramos con desafíos que ponen a prueba nuestra capacidad de amar incondicionalmente. Las decepciones, los malentendidos y las diferencias pueden erosionar nuestra disposición a ofrecer amor sin esperar nada a cambio. Sin embargo, es precisamente en estos momentos de prueba cuando el amor incondicional muestra su verdadero poder. Es una elección consciente que hacemos a diario, una decisión de ver más allá de las imperfecciones y las circunstancias temporales.

El amor incondicional no es ciego; es, de hecho, profundamente consciente. Reconoce las fallas y las limitaciones, tanto en uno mismo como en los demás, pero elige enfocarse en lo que es eterno y verdadero: la esencia divina que reside en cada ser. Este tipo de amor nos invita a aceptar y perdonar, a comprender y a ser compasivos. Nos recuerda que todos estamos conectados y que nuestras acciones tienen un impacto en el gran tejido de la vida.

El primer paso para cultivar el amor incondicional es aprender a amarnos a nosotros mismos de esa manera. Esto implica aceptar nuestras propias debilidades y errores, y tratarnos con la misma amabilidad y compasión que ofreceríamos a un ser querido. Al hacerlo, creamos un espacio interno de paz y aceptación que nos permite extender ese mismo amor a los demás.

En las relaciones interpersonales, el amor incondicional se manifiesta como una fuente constante de apoyo y comprensión. No se trata de permitir comportamientos destructivos o de sacrificar nuestro bienestar en nombre del amor, sino de mantener una actitud de apertura y empatía. Es un amor que dice: "Te veo, te acepto y te amo tal como eres, sin intentar cambiarte".

La práctica del amor incondicional también tiene un profundo impacto en nuestra conexión con el mundo natural y el Universo en su totalidad. Nos invita a reconocer la belleza y la interdependencia de toda la creación, a tratar a todos los seres vivos con respeto y reverencia. Este amor nos impulsa a vivir de manera más consciente y sostenible, sabiendo que cada acto de bondad y cuidado contribuye a la armonía del todo.

El amor incondicional es una expresión de nuestra verdadera esencia. Es el recordatorio constante de que somos seres de luz y amor, destinados a irradiar esa energía en cada aspecto de nuestra existencia. Al cultivar este amor en nuestras vidas, no solo transformamos nuestras relaciones y nuestro entorno, sino que también nos alineamos con la esencia más pura de nuestro ser.

8 El viaje del Alma

"La verdadera espiritualidad no es escapar del mundo, sino encontrar a Dios en él."

- Meister Eckhart

Cada alma es un Universo en sí misma, un tesoro de potencial de sabiduría esperando a ser descubierto.

Esencia intangible

El alma, esa esencia intangible que reside en nuestro interior, no se limita a los confines del cuerpo físico. Es una viajera incansable que emprende un sinfín de travesías a lo largo de la existencia, explorando dimensiones desconocidas y aprendiendo lecciones invaluables.

En mi propio viaje del alma, he recorrido caminos sinuosos y transitado por sendas luminosas. He conocido la alegría y la tristeza, el amor y la pérdida, el triunfo y la derrota. Cada experiencia ha dejado una huella indeleble en mi ser, moldeando mi perspectiva y enriqueciendo mi comprensión del mundo.

Al igual que un explorador intrépido, mi alma se ha aventurado por tierras inexploradas, enfrentando desafíos y superando obstáculos. He escalado montañas de incertidumbre, navegado mares de dudas y atravesados desiertos de soledad. Sin embargo, en cada paso, he encontrado la fuerza para seguir adelante, impulsada por una llama inextinguible de curiosidad y anhelo de crecimiento.

En mis viajes, en los programas de televisión, en conferencias, en entrevistas, en mis investigaciones paranormales, así como en el día a día he conocido a almas diversas, cada uno con su propia historia y sabiduría para compartir. Hemos intercambiado experiencias, brindado apoyo y aprendido unos de otros. Juntos, hemos celebrado los momentos de alegría y consolado en las horas de aflicción.

A través de estas interacciones, he descubierto el poder de la conexión humana y la belleza de la diversidad. He aprendido que cada alma es un Universo en sí misma, un tesoro de potencial de sabiduría esperando a ser descubierto.

En mi camino, he encontrado maestros en los lugares más inesperados. Un anciano sabio me enseñó el valor de la paciencia y la compasión. Un niño inocente me recordó la pureza del corazón y la alegría de vivir en el presente. Un árbol majestuoso me transmitió la fuerza de la naturaleza y la conexión con la tierra.

Cada Maestro me ha guiado en un aspecto diferente de mi viaje, ayudándome a comprender mejor mi propósito y a desarrollar mi potencial. He aprendido a escuchar la voz de mi intuición, a confiar en mi sabiduría interior y a seguir mi propio camino con autenticidad y determinación.

En mis viajes del alma, he descubierto que el destino no es un lugar fijo, sino un camino que se construye paso a paso con cada decisión que tomamos. He aprendido que la libertad reside en la capacidad de elegir nuestro propio camino, de asumir la responsabilidad de nuestras acciones y de crear nuestra propia realidad.

A lo largo de mi travesía, he experimentado momentos de profunda transformación. He trascendido creencias limitantes, liberado patrones negativos y abrazado mi verdadero yo. He aprendido a amarme y aceptarme incondicionalmente, con todas mis imperfecciones y fortalezas. Mis viajes del alma aún no han terminado. Sigo explorando nuevos territorios, aprendiendo lecciones valiosas y creciendo en sabiduría. Cada experiencia me acerca a mi esencia, a la luz que reside en mi interior y que ilumina mi camino.

La vida nos presenta innumerables oportunidades para descubrir quiénes somos en lo más profundo de nuestro ser. Cada experiencia, cada encuentro y cada desafío se convierte en un espejo que refleja aspectos de nuestra esencia que tal vez desconocíamos. En este proceso, nos encontramos con la necesidad de explorar más allá de lo visible, de buscar respuestas en lugares donde la razón no siempre alcanza.

La conexión con nuestro "Yo Soy" es un camino que a menudo se siente solitario, pero en realidad está lleno de compañía invisible. Los susurros del alma, esa voz interna que nos guía, se vuelven más claros cuando aprendemos a escuchar con atención.

Es en estos momentos de introspección que entendemos la importancia de estar presentes, de vivir en el "Aquí y el Ahora". La mente tiende a dispersarse, a preocuparse por el futuro o a lamentarse por el pasado, pero la verdadera paz se encuentra en el presente. Al abrazar el momento presente, nos permitimos experimentar la vida en su totalidad, sin las distracciones que nos alejan de nuestra verdadera esencia.

Cada paso que damos en esta búsqueda es un recordatorio de que somos seres en constante evolución. A medida que avanzamos, nos encontramos con partes de nosotros mismos que requieren sanación, comprensión y amor. Este proceso puede ser desafiante, pero también es profundamente liberador.

La conexión con el Universo y con todo lo que nos rodea se vuelve más evidente cuando nos permitimos sentir y experimentar la unidad de todas las cosas. No estamos separados del mundo, sino que somos una parte integral de él.

La autenticidad se convierte en una brújula en este camino. Ser auténticos significa ser fieles a nuestra esencia, a nuestros valores y a nuestras pasiones. No se trata de cumplir con las expectativas de los demás, sino de vivir de acuerdo con nuestra verdad interna. Esta autenticidad nos permite vivir con mayor integridad y nos conecta con personas y experiencias que resuenan con nuestra verdadera naturaleza. Al reconocer y apreciar las bendiciones que tenemos, incluso en los momentos difíciles, cambiamos nuestra perspectiva y abrimos nuestro corazón a recibir más abundancia y amor. La gratitud nos ancla en el presente y nos recuerda la belleza que existe en cada momento.

El amor hacia uno mismo, hacia los demás y hacia el Universo es lo que nos sostiene y nos impulsa a seguir adelante. Es el amor el que nos da la valentía para enfrentar nuestros miedos y la fuerza para superar los obstáculos.

En este viaje del alma, descubrimos que la verdadera realización no se encuentra en lo externo, sino en el reconocimiento de nuestra propia divinidad. Al conectar con nuestra esencia divina, encontramos la paz, la alegría y el propósito que hemos estado buscando. Es en este reconocimiento donde realmente comprendemos el significado de ser, "Aquí y Ahora".

1. Espiritualidad

La existencia humana es un enigma que ha fascinado a filósofos, místicos y científicos a lo largo de los siglos. En el centro de este misterio se encuentra la pregunta fundamental: ¿Quién soy yo? En la búsqueda de esta respuesta, nos encontramos con un terreno espiritual que no solo define nuestra identidad, sino que también moldea nuestra percepción del mundo y nuestra relación con los demás. La espiritualidad, en su esencia más pura, no se trata de dogmas o rituales, sino de una conexión profunda con el ser interior y con el Universo que nos rodea.

Es fácil perderse en las distracciones y en las demandas externas. Sin embargo, hay momentos de quietud y reflexión en los que podemos vislumbrar una verdad más profunda. Estos momentos nos invitan a mirar más allá de las apariencias y a descubrir una dimensión espiritual que subyace a todas las cosas. Esta dimensión no es algo separado de nosotros; es, de hecho, la esencia misma de nuestro ser.

La espiritualidad nos enseña que somos más que nuestro cuerpo físico y nuestra mente racional. Somos seres multidimensionales, seres de luz, energía y conciencia. Esta comprensión nos lleva a una perspectiva más amplia y compasiva de la vida. Nos damos cuenta de que nuestras acciones, pensamientos y emociones tienen un impacto no solo en nosotros mismos, sino también en el mundo a nuestro alrededor.

El concepto de "Yo Soy" es fundamental en muchas tradiciones espirituales. Representa la conciencia del ser, la chispa divina que reside en cada uno de nosotros. Esta conciencia no está limitada por el tiempo o el espacio; es eterna e infinita. En este estado de ser, encontramos paz, alegría y una sensación de unidad con todo lo que es.

Al aquietar la mente y volcar nuestra atención hacia el interior, podemos experimentar la presencia del "Yo Soy" en el "Aquí Y Ahora". Este estado de presencia nos permite vivir de manera más consciente y auténtica, liberándonos de las cadenas del pasado y de las preocupaciones del futuro.

La espiritualidad nos invita a vivir con integridad y coherencia. Nos desafía a alinear nuestras acciones con nuestros valores más profundos y a actuar desde un lugar de amor y compasión. En este camino, nos encontramos con desafíos y pruebas, pero cada obstáculo es una oportunidad para crecer y profundizar nuestra comprensión de nosotros mismos y del mundo.

La conexión con nuestra esencia espiritual nos brinda una fuente inagotable de fuerza y resiliencia. Nos recuerda que, a pesar de las dificultades y las incertidumbres de la vida, hay una parte de nosotros que es eterna e inmutable. Esta comprensión nos da el coraje para enfrentar cualquier situación con serenidad y confianza.

La espiritualidad nos lleva a una mayor apreciación de la vida en todas sus manifestaciones. Nos enseña a ver la belleza en lo cotidiano, a encontrar significado en cada experiencia y a reconocer la interconexión de todas las cosas. Al vivir desde esta perspectiva, nos convertimos en faros de luz y esperanza, iluminando el camino para nosotros mismos y para los demás.

2. La Unidad del Ser

Muchas veces olvidamos la esencia de lo que realmente somos. Nos perdemos en las expectativas, en los roles que jugamos y en las máscaras que llevamos. Pero, en lo más profundo, existe una conexión inquebrantable con el ser, una unidad que trasciende las apariencias y las circunstancias externas.

Al detenernos y mirar hacia adentro, descubrimos que no estamos separados ni fragmentados. Dentro de nosotros habita una chispa divina, una conciencia que no conoce fronteras. Esta conciencia es la que nos une a todo lo existente, recordándonos que somos parte de un todo mayor, de una red de vida que se entrelaza en cada respiración, en cada latido del corazón.

La unidad del ser no es un concepto abstracto, sino una realidad palpable cuando nos permitimos experimentar el presente con plena atención. Es en el "Aquí y Ahora" donde se revela la verdad de nuestra existencia. No somos entidades aisladas; somos expresiones únicas de una misma fuente. Al reconocer esta verdad, se disuelven las barreras que nos separan de los demás y del mundo.

Cuando abrazamos esta unidad, comprendemos que nuestras acciones, pensamientos y emociones tienen un impacto profundo en el tejido de la realidad. Cada gesto de amor, cada acto de compasión, resuena en el Universo, creando ondas de transformación. La unidad del ser nos invita a vivir con conciencia, a actuar desde un lugar de autenticidad y a cultivar relaciones basadas en el respeto y la comprensión mutua.

La unidad del ser también nos enseña a ver la belleza en la diversidad. Cada ser humano, cada criatura, cada elemento de la naturaleza es una manifestación única de la misma fuerza vital. Al honrar esta diversidad, enriquecemos nuestra propia experiencia y contribuimos a un mundo más armonioso.

Seguro encontraremos desafíos y momentos de incertidumbre. Sin embargo, al recordar nuestra conexión intrínseca con el todo, hallamos la fuerza y la sabiduría necesarias para superar cualquier obstáculo. La unidad del ser nos brinda una base sólida desde la cual podemos crecer y evolucionar, tanto a nivel personal como colectivo.

Así, al profundizar en la comprensión de nuestra verdadera naturaleza, nos liberamos de las ilusiones de separación y nos abrimos a una vida plena de significado y propósito. Reconocemos que, en el fondo, somos uno con el Universo, y esta realización nos guía hacia un estado de paz y plenitud.

En cada instante, la oportunidad de redescubrir esta unidad está presente. Solo necesitamos prestar atención, abrir nuestro corazón y permitir que la verdad de nuestro ser se revele. Al hacerlo, transformamos no solo nuestra propia vida, sino también el mundo que nos rodea.

Somos hilos de un mismo tejido cósmico, cada uno vibrando con una frecuencia única pero conectados a una fuente común.

---

3. Ser en el "Aquí y Ahora"

Vivir en el presente es un arte que pocos dominan. Este instante es donde reside la verdadera esencia de nuestro ser. Cuando logramos centrarnos en el presente, experimentamos una conexión profunda con nuestra propia existencia.

La práctica de estar presente requiere una atención consciente y deliberada. No es simplemente dejarse llevar por el flujo del tiempo, sino un acto de presencia activa. Al observar nuestros pensamientos y emociones sin juzgarlos, podemos aprender a aceptarlos y dejarlos ir, permitiéndonos vivir con mayor plenitud. Esta atención plena nos ayuda a reconocer la belleza y la simplicidad de lo cotidiano, desde el aroma del café recién hecho hasta la sensación del viento en el rostro.

La importancia de estar presente se refleja también en nuestras relaciones interpersonales. Al prestar atención genuina a quienes nos rodean, creamos conexiones más profundas y significativas. Escuchar activamente, sin distracciones ni prejuicios, es una muestra de respeto y amor hacia el otro. Esta presencia auténtica en nuestras interacciones nos permite comprender y empatizar mejor, fortaleciendo los lazos que nos unen.

Estar en el "Aquí y Ahora" no significa ignorar el pasado o desentendernos del futuro. Más bien, implica reconocer que ambos existen solo en nuestra mente, mientras que la vida real transcurre en este preciso momento. Al aceptar esto, podemos liberar la carga de lo que fue y la ansiedad de lo que podría ser, encontrando paz en la simplicidad del presente.

Cultivar la capacidad de estar presente requiere práctica y paciencia. No es un estado que se alcance de la noche a la mañana, sino un proceso continuo de aprendizaje y crecimiento. Cada vez que nuestra mente se dispersa, tenemos la oportunidad de traerla de vuelta al ahora, reforzando nuestra conexión con el momento presente.

La vida es una serie de momentos que se suceden uno tras otro. Al aprender a vivir en el Ahora, descubrimos que cada uno de esos momentos tiene su propia magia y significado. La verdadera plenitud no se encuentra en lo que fue o en lo que será, sino en lo que es, "Aquí y Ahora".

4. Reflexiones Finales

"Yo Soy, Aquí y Ahora"

En la simplicidad de la frase "Yo Soy, Aquí y Ahora" se esconde una profundidad insondable. Es una afirmación poderosa que nos conecta con la esencia de nuestra existencia, con la inmediatez de la experiencia presente y con la vastedad del Universo que nos rodea.

Al pronunciar estas palabras, nos anclamos en el momento presente, liberándonos de las ataduras del pasado y las preocupaciones del futuro. Nos convertimos en observadores conscientes de nuestra propia respiración, de nuestros pensamientos y emociones, de las sensaciones en nuestro cuerpo. Es un acto de atención plena que nos permite apreciar la riqueza del instante presente, sin juicios ni expectativas.

"Yo Soy" es una declaración fundamental de nuestra existencia. Afirmamos nuestra individualidad, nuestra unicidad en el Universo. Somos seres conscientes, capaces de pensar, sentir y actuar. Tenemos un cuerpo, una mente y un espíritu que nos conectan con el mundo que nos rodea.

"Aquí" nos ubica en un espacio físico específico, en este planeta Tierra, en este momento preciso del tiempo cósmico. Pero también nos conecta con un lugar más amplio, con el Universo en su totalidad. Somos parte de algo más grande que nosotros mismos, una red interconectada de energía y materia.

Al abrazar el "Yo Soy, Aquí y Ahora", nos abrimos a la posibilidad de vivir con plenitud y autenticidad. Nos liberamos de las máscaras y los roles que nos hemos impuesto, y conectamos con nuestra verdadera naturaleza. Aceptamos nuestras imperfecciones y abrazamos nuestras fortalezas. Vivimos con pasión, propósito y significado.

La exploración del "Yo Soy, Aquí y Ahora" es un viaje de autodescubrimiento continuo. A medida que profundizamos en nuestra propia experiencia, descubrimos nuevas dimensiones de nuestro ser. Nos abrimos a la creatividad, la compasión y la sabiduría que reside en nuestro interior.

El "Yo Soy, Aquí y Ahora" no es un estado estático, sino un proceso dinámico. Estamos en constante cambio y evolución. Esta afirmación nos invita a ser conscientes de nuestros pensamientos, palabras y acciones. Al vivir en el presente, podemos apreciar la belleza que nos rodea y encontrar la felicidad en las pequeñas cosas.

"Yo Soy, Aquí y Ahora" es un camino hacia la paz interior y la conexión con el mundo que nos rodea. Te invito a que dediques unos minutos cada día a reflexionar sobre el "Yo Soy, Aquí y Ahora".

"Yo Soy, Aquí y Ahora" es una declaración de existencia, de nuestra individualidad y de nuestra conexión con el Universo

----

Epílogo

El mundo está lleno de misterios y la realidad no se limita a lo que podemos percibir con nuestros sentidos físicos. Somos seres multidimensionales y tenemos un potencial infinito para conectar con otras dimensiones y con nuestra propia esencia espiritual. Por ello es importante arraigarnos en el presente, trasladar el poder del "Yo Soy" que significa "Dios en acción en mi vida" al "Aquí y Ahora" que es tiempo presente.

Con el uso de esta afirmación he podido ser testigo del poder del verbo. El Universo siempre nos escucha, y nos manda lo que afirmamos que somos. A simple vista, estas cinco palabras pueden parecer insignificantes. Sin embargo, encierran un potencial extraordinario para moldear nuestra realidad y crear la vida que deseamos. El "Yo Soy, Aquí y Ahora" representa nuestra esencia, nuestra identidad más profunda, la base sobre la cual se construye todo lo que somos y experimentamos.

Al llegar al final de este viaje transformador a través del poder del "Yo Soy, Aquí y Ahora, Vuélvete Presencia en tu Presente" nos encontramos en un umbral de infinitas posibilidades. Hemos descubierto el potencial que reside en nuestras palabras y en nuestra capacidad de creer en nosotros mismos. Hemos entendido la importancia de reprogramar nuestra mente subconsciente y de atraer a nuestras vidas aquello que deseamos.

Sin embargo, este viaje no termina aquí. Es solo el comienzo de una aventura extraordinaria hacia la realización de nuestros sueños y el logro de nuestros objetivos más ambiciosos. Las afirmaciones nos han brindado las herramientas necesarias para moldear nuestra realidad y crear la vida que anhelamos.

Observa tus pensamientos, siente tus emociones y aprecia las sensaciones en tu cuerpo. Conéctate con tu respiración y con el presente. Este simple ejercicio puede transformar tu vida de manera profunda y significativa.

Acerca de Octavio

Octavio Elizondo es reconocido por su destacada participación en el programa de televisión "Extranormal", donde exploró con pasión fenómenos paranormales y misterios inexplicables. Su enfoque riguroso y su profundo conocimiento en temas metafísicos le han permitido no solo investigar lo inexplicable, sino también compartir su sabiduría con una audiencia ávida de entender el mundo más allá de lo convencional.

A lo largo de su carrera, Octavio ha demostrado un compromiso innegable con la búsqueda de la verdad y la exploración de lo desconocido, guiado por valores de integridad, respeto y curiosidad infinita. Su energía contagiosa y su habilidad para comunicar conceptos complejos de manera accesible lo han convertido en un referente en el campo de lo paranormal y la metafísica. Actualmente, Octavio Elizondo continúa inspirando a través de su escritura y conferencias, donde no solo comparte sus experiencias, sino que también fomenta un entendimiento más profundo del Universo y sus misterios.

Agradecimientos

Con el corazón rebosante de gratitud, quiero expresarles mi más profundo agradecimiento por haber abierto las páginas de este libro. Cada palabra ha sido escrita con la intención de guiarlos en un viaje de conexión con el "YO SOY, AQUÍ Y AHORA". Me siento profundamente honrado de que hayan elegido acompañarme en este camino, de que hayan abierto sus mentes y corazones a la posibilidad de conectar con su yo interior. Sus comentarios y testimonios han sido una fuente de inspiración inagotable. Cada mensaje que recibo, cada historia que me comparten me confirma que estamos tocando vidas de manera profunda y transformadora.

Gracias por ser parte de esta comunidad que busca expandir su conciencia. Que la Luz y el Amor continúen iluminando sus caminos.

Con infinita gratitud:

Octavio Elizondo

Sígueme en mis redes sociales

Made in United States
Orlando, FL
15 December 2024

55653890R00114